Die Haftung der Kreditinstitute bei Finanzierung von Anteilen an geschlossenen Immobilienfonds

Europäische Hochschulschriften

Publications Universitaires Européennes
European University Studies

Reihe II
Rechtswissenschaft

Série II Series II
Droit
Law

Bd./Vol. 3634

PETER LANG
Frankfurt am Main · Berlin · Bern · Bruxelles · New York · Oxford · Wien

Markus Engel

Die Haftung der Kreditinstitute bei Finanzierung von Anteilen an geschlossenen Immobilienfonds

PETER LANG
Europäischer Verlag der Wissenschaften

Bibliografische Information Der Deutschen Bibliothek
Die Deutsche Bibliothek verzeichnet diese Publikation in der Deutschen Nationalbibliografie; detaillierte bibliografische Daten sind im Internet über <http://dnb.ddb.de> abrufbar.

Zugl.: Potsdam, Univ., Diss., 2002

517
ISSN 0531-7312
ISBN 3-631-50704-6

www.peterlang.de

Vorwort

Die vorliegende Arbeit wurde im Wintersemester 2002/2003 vom Fachbereich Rechtswissenschaft der Universität Potsdam als Dissertation angenommen. Der Tag der mündlichen Prüfung war der 11. Dezember 2002.

Mein Doktorvater Herr Prof. Dr. Jürgen Oechsler hat die Arbeit betreut. Für seine stete Förderung und Unterstützung möchte ich mich herzlich bei ihm bedanken. Zu Dank verpflichtet bin ich auch dem Koreferenten im Rahmen des Promotionsverfahrens, Herrn Prof. Dr. Jens Petersen, für die Erstellung des Zweitgutachtens. Ich danke auch dem Verein „Wissenschaftsförderung in der Sparkassenfinanzgruppe" für die finanzielle Unterstützung bei der Verlegung dieser Arbeit.

Mein besonderer Dank gilt meinen Eltern, die mich während meines Studiums und während der Anfertigung der Dissertation in jeder Hinsicht unterstützt haben. Ihnen ist die vorliegende Arbeit gewidmet.

Saarbrücken, im Januar 2003 Markus Engel

Inhaltsverzeichnis

Abkürzungsverzeichnis

Abs.	Absatz
Anm.	Anmerkung
Aufl.	Auflage
Ausn.	Ausnahme
AZ	Aktenzeichen
BB	Betriebsberater (Zeitschrift)
Beschl.	Beschluss
bez.	bezüglich
BFH	Bundesfinanzhof
BverfG	Bundesverfassungsgericht
bzw.	beziehungsweise
DM	Deutsche Mark
DStR	Deutsches Steuerrecht (Zeitschrift)
EStG	Einkommenssteuergesetz
evtl.	eventuell
FS	Festschrift
GbR	Gesellschaft bürgerlichen Rechts
gem.	gemäß
ggfs.	gegebenenfalls
HausTWG	Haustürwiderrufsgesetz
i. d. R.	in der Regel
i. S. d.	im Sinne des(der)
jew.	jeweils
KAGG	Gesetz über Kapitalanlagegesellschaften
KaRS	Kapitalanlagen Recht und Steuern (Zeitschrift)
KG	Kommanditgesellschaft
n. v.	nicht veröffentlicht
Nachw.	Nachweise
NJW	Neue Juristische Wochenschrift
RBerG	Rechtsberatungsgesetz
RBerV	Verordnung zur Ausführung des Rechtsberatungsgesetzes
Rdnr.	Randnummer(n)
sog.	sogenannte(r)
u. a.	unter anderem
u. U.	unter Umständen
Urt.	Urteil(e)
VerbrKrG	Verbraucherkreditgesetz
vgl.	vergleiche
VuR	Verbraucher und Recht (Zeitschrift)

WM	Wertpapiermitteilungen (Zeitschrift)
WuB	Wirtschafts- und Bankrecht (Zeitschrift)
z. B.	zum Beispiel
zahlr.	zahlreiche(n)
ZBB	Zeitschrift für Bankrecht und Bankwirtschaft
ZfIR	Zeitschrift für Immobilienrecht
ZIP	Zeitschrift für Wirtschaftsrecht

Die Haftung der Kreditinstitute bei Finanzierung von Anteilen an geschlossenen Immobilienfonds

Einleitung

Die Immobilie stellt eine der beliebtesten Anlageformen dar. Sie entspricht sowohl den Bedürfnissen des konservativen als auch den Bedürfnissen des renditeorientierten Anlegers. Die Sicherheit dieser Investition wird garantiert durch die ausgezeichnete Werthaltigkeit von Immobilienvermögen. Die hohe Rentabilität basiert auf meist beträchtlichen Wertzuwächsen sowie auf dem Umstand, dass der Gesetzgeber zum Zwecke der Abmilderung von Wohnraumengpässen und zur Förderung von Investitionstätigkeit hohe steuerliche Vergünstigungen für die Schaffung von Immobiliensubstanz vorsieht. Durch Zeichnung eines Anteils eines geschlossenen Immobilienfonds nimmt der Anleger die dargestellten Vorteile in Anspruch. Zudem hat diese Art des Erwerbs von Immobilienvermögen für den Zeichner den Vorteil, dass er nicht mit der arbeitsintensiven Erstellung und Verwaltung der Immobilie belastet wird. Weiter bietet die Beteiligung an einem Immobilienfonds die Möglichkeit, das Investitionsvolumen den persönlichen finanziellen Voraussetzungen des Investors anzupassen.

Diese Umstände erklären, weshalb so viele Anleger sich für eine Beteiligung an einem geschlossenen Immobilienfonds entscheiden. So belief sich etwa das platzierte Eigenkapital im Jahre 1996 auf einen Gesamtbetrag von rund 12 Mrd. DM. Nach dem Auslaufen der Möglichkeit von Sonderabschreibungen zur Förderung der Bautätigkeit in den neuen Bundesländern in einer Größenordnung von bis zu 50 % der Anschaffungs- oder Herstellungskosten im Jahre 1996 war in den folgenden Jahren ein Rückgang zu verzeichnen. Insbesondere im Jahre 2000 verzeichnete der Fondsmarkt einen Rückgang um 25 % gegenüber dem Vorjahr. Dennoch waren insgesamt noch rund 9 Mrd. DM Eigenkapital platziert. Geschlossene Immobilienfonds stellen also nach wie vor eine bedeutende Anlageform dar, von der die Anleger sich die bereits beschriebenen Vorteile erhoffen.

Erkennt der Anleger zu einem späteren Zeitpunkt, dass die wirtschaftlichen Prognosen sich nicht bestätigen, weil die Kaufobjekte überteuert oder mangelhaft gewesen sind, weil die Mieterträge nicht erreicht werden oder weil die Steuervorteile nicht in dem Umfang erzielt werden, wie dies durch die Initiatoren versprochen wurde, verlangt der Anleger Ersatz des ihm entstandenen Schadens. Dabei wird in fast allen Fällen versucht, den wirtschaftlich potentesten Vertragspartner verantwortlich zu machen. Weil es sich bei den Initiatoren meist um juristische Personen handelt, die nur in begrenztem Umfang über Kapital verfügen, richten die Anleger ihre vermeintlichen Ansprüche regelmäßig gegen die jeweiligen Kreditinstitute, die den Erwerb des Anteils finanziert haben.

Zur Begründung tragen die Zeichner vor, das Kreditinstitut habe es versäumt, über die mit dem Erwerb verbundenen Risiken aufzuklären[1]. Hier besteht das Ziel der Arbeit darin, Kriterien zu erarbeiten, die eine verlässliche Bestimmung der Aufklärungspflichten ermöglichen. Zum Teil werden die Ansprüche auf Freistellung von der jeweiligen Verbindlichkeit auch damit begründet, dass die zum Abschluss des Darlehensvertrages erteilte Vollmacht unwirksam und somit eine Verbindlichkeit gegenüber der Bank nicht entstanden sei[2]. Schließlich stützen die Anleger ihre Einwendungen gegen eine Inanspruchnahme aus den jeweiligen Kreditverträgen darauf, dass Darlehens- und Kaufvertrag ein verbundenes Geschäft darstellten, so dass die gegen die Initiatoren bestehenden Ansprüche auch den finanzierenden Banken entgegen gehalten werden könnten[3].

Bevor die einzelnen, durch die Darlehensnehmer angeführten rechtlichen Aspekte untersucht werden, soll zunächst ein kurzer Überblick über die Funktionsweise sowie über die wesentlichen Vor- und Nachteile eines geschlossenen Immobilienfonds gegeben werden. Dabei werden auch die wichtigsten Unterschiede zu anderen Fondsmodellen dargestellt[4].

---

[1] Vgl. Abschnitt II .
[2] Vgl. Abschnitt III .
[3] Vgl. Abschnitt IV .
[4] Vgl. Abschnitt I .

Abschnitt I

Die Immobilie als Kapitalanlage - Anlagekonzepte

A. Der geschlossene Immobilienfonds

I. Grundlagen

Beim geschlossenen Immobilienfonds gründet zunächst der Initiator eine Objektgesellschaft, die Eigentümerin einer oder mehrerer im Emissionsprospekt genau beschriebener Immobilien wird. Gleichzeitig erstellt der Initiator das steuerliche und rechtliche Konzept für die Beteiligung. Auf der Basis des Investitions- und Finanzierungsplans beteiligen sich die über Vertriebsgesellschaften geworbenen Anleger am Eigenkapital der Objektgesellschaft bzw. – je nach Konzeption - an einer Fondsgesellschaft[5], die ihrerseits (Allein-) Gesellschafterin der Objektgesellschaft ist.

Diese Form der Kapitalanlage dient danach der Erstellung oder dem Erwerb ganz bestimmter Bauvorhaben, die mit Hilfe des durch die Anleger eingezahlten Eigenkapitals und durch Aufnahme von Fremdkapital finanziert werden. Im Gegensatz zu dem offenen Immobilienfonds ist das Investitionsvolumen eines geschlossenen Immobilienfonds also von vornherein begrenzt.

II. Gesellschaftsrechtliche Gestaltung

Im Gegensatz zu den offenen Immobilienfonds ist die Rechtsform geschlossener Immobilienfonds gesetzlich nicht festgelegt. Vor dem Hintergrund, dass der Anleger steuerlich wie der „Direkteigentümer" der Immobilie behandelt werden soll, bietet sich die Beteiligung an einer Personengesellschaft an. Denn die Personengesellschaft gilt als sog. partielles Steuersubjekt, d. h. die wesentlichen steuerlichen Daten - z. B. Gewinn/Verlust - werden zunächst auf der Ebene der Gesellschaft ermittelt und anschließend jedem einzelnen Gesellschafter, also dem Anleger, zugeordnet, § 180 Abs. 1 Nr. 2 a) AO.

---

[5] Die Mindestanlagebeträge liegen zwischen 10.000 und 25.000 Euro.

1. Die Gesellschaft bürgerlichen Rechts

Hauptcharakteristikum der GbR, welche in den §§ 705 ff. BGB geregelt ist, ist die grundsätzlich unbeschränkte Haftung des Gesellschafters. Dies bedeutet, dass der Anleger für Verluste und Verbindlichkeiten der Gesellschaft[6], die aus im Namen der GbR begründeten (vertraglichen[7]) Verpflichtungen herrühren, kraft Gesetzes nicht nur mit seiner erbrachten Kapitaleinlage, sondern grundsätzlich mit seinem gesamten Privatvermögen haftet[8].

Konkret vollzieht sich die **Auflage des Fonds** dadurch, dass die Initiatoren die GbR als Gründungsgesellschafter errichten. Die anzuwerbenden Gesellschafter werden dann in die bestehende Gesellschaft im Wege der Kapitalerhöhung aufgenommen[9], wobei regelmäßig ein Treuhänder, der aus dem Kreis der Initiatoren stammt, die Anteile der Anleger treuhänderisch hält[10]. Da der Treugeber - um steuerlich nicht als reiner Kapitalgeber angesehen zu werden - so gestellt werden muss, als wäre er direkt an der GbR beteiligt, wird ihm das Recht eingeräumt, sich jederzeit von dem Treuhandauftrag zu lösen und selbst unmittelbar die (formale) Stellung eines Gesellschafters einzunehmen. Unabhängig davon tritt ihm der Treuhänder die in den Gesellschaftsversammlungen auszuübenden Rechte ab.

Auch bei der **Eintragung ins Grundbuch** wird ein Treuhänder eingeschaltet. Ansonsten wäre wegen der Erforderlichkeit der notariellen Löschungsbewilligung eine Veräußerung der Immobilie praktisch ausgeschlossen. Man denke nur an den Fall, dass Anleger ihren Wohnsitz verlegen, ohne dies der Gesellschaft mitzuteilen, oder dass mehrere Erben die Stellung verstorbener Gesellschafter einnehmen. Allerdings wird den

---

[6] Für die Rechtsfähigkeit der (Außen-)Gesellschaft, vgl. BGH, WM 2001, 408 ff. m. w. Nachw., bestätigt durch Beschluss v. 18.02.2002, abgedruckt in NJW 2002, 1207 ff.. .

[7] Zur Haftung für gesetzliche Verbindlichkeiten, vgl. Abschnitt III C. II. 2. .

[8] Vgl. BGH, WM 1999, 2071 ff.: Eine Beschränkung der Haftung auf das Gesellschaftsvermögen setzt eine individualvertragliche Vereinbarung mit dem jeweiligen Vertragspartner voraus, im einzelnen vgl. Abschnitt III C. II. 2. .

[9] Nach der in der Praxis selteneren Konstruktion werben die Initiatoren die Anleger an, um dann anschließend die GbR zu gründen.

[10] Häufig ist der Treuhänder einer der beiden Gründungsgesellschafter. - Seine gegenüber der Gesellschaft bestehende Verpflichtung zur Zahlung der Einlage erfüllt der Treuhänder dadurch, dass er der Gesellschaft seinen aus dem Treuhandauftrag gegen den Anleger resultierenden Zahlungsanspruch abtritt, so dass der Anleger unmittelbar an die Gesellschaft zahlt.

Anlegern das Recht eingeräumt, den Treuhandvertrag zu kündigen und selbst ins Grundbuch eingetragen zu werden. Zur Sicherung dieses Anspruchs wird eine Auflassungsvormerkung ins Grundbuch eingetragen. Um zu verhindern, dass in diesem Zusammenhang sämtliche Anleger ins Grundbuch eingetragen werden, wird ein weiterer Treuhänder als Vormerkungsberechtigter eingetragen.

Gem. § 709 BGB steht die Führung der Gesellschaft den Gesellschaftern gemeinschaftlich zu. Da dies angesichts einer Vielzahl von Gesellschaftern die Handlungsunfähigkeit der Gesellschaft zur Folge hätte, wird ein Geschäftsführer bestellt[11].

Nach § 723 BGB kann ein Gesellschafter die Gesellschaft jederzeit kündigen, wenn die Gesellschaft nicht für eine bestimmte Zeit eingegangen ist. Da u.a. aus steuerlichen Gründen der Fonds auf eine bestimmte (Mindest-) Laufzeit angelegt sein muss, wird im Gesellschaftsvertrag ein Zeitpunkt festgelegt, zu dem frühestens eine Kündigung möglich ist. Vor diesem Zeitpunkt kommt wegen des vertraglichen Ausschlusses des ordentlichen Kündigungsrechts lediglich eine außerordentliche Kündigung aus wichtigem Grund in Betracht. Ein solcher ist gegeben, wenn die Fortsetzung der Beteiligung bis zur (ersten) Möglichkeit der ordentlichen Beendigung dem Kündigenden nach Treu und Glauben nicht zugemutet werden kann[12].

2. Die Kommanditgesellschaft

Im Hinblick auf die Auflage des Fonds gelten die zur GbR dargestellten Grundsätze. Im Unterschied zur GbR ist die Haftung der Anleger, die über einen ins Handelsregister als Gesellschafter eingetragenen Treuhänder[13] an der KG als Kommanditisten beteiligt sind, grundsätzlich jedoch auf die (erbrachte) Einlage beschränkt.

---

[11] Dabei handelt es sich häufig um den Treuhänder.
[12] Beispiel: Grobe Pflichtverletzung der Geschäftsführung.
[13] Dieser ist regelmäßig Gründungsgesellschafter.

III. Vorteile für den Anleger

1. Steuerliche Vorteile

a) Allgemeines

Die Grundkonzeption geschlossener Inlandsfonds ist darauf ausgerichtet, in der Anlaufphase der Gesellschaft steuerliche Anfangsverluste entstehen zu lassen und diese dem Anleger zuzurechnen[14]. Unter bestimmten Voraussetzungen können diese Verlustzuweisungen mit anderen Einnahmen des Anlegers, z. B. aus nichtselbstständiger Tätigkeit, verrechnet werden[15].

Voraussetzung für die Anerkennung der steuerlichen Verlustzuweisungen aus der Fondsbeteiligung ist eine Gewinnerzielungsabsicht[16] des Anlegers. Diese ist gegeben, wenn anhand objektiver Kriterien nachvollziehbar ist, dass der Anleger aus seiner Fondsbeteiligung einen steuerlichen Totalüberschuss erzielen wird, dass also die kumulierten steuerlichen Gewinne der Gesellschaft die kumulierten steuerlichen Verluste betragsmäßig übersteigen[17].

In diesem Zusammenhang ist § 2b EStG zu erwähnen, der mit dem Steuerentlastungsgesetz 1999/2000/2002 eingeführt wurde. Danach können Verluste aus sog. Verlustzuweisungsgesellschaften[18] nicht mehr

---

[14] Demgegenüber sind Verluste aus der Vermietung ausländischer Immobilien nach dem deutschen Einkommensteuerrecht nicht mit positiven inländischen Einkünften ausgleichsfähig, sondern lediglich in dem jeweiligen Staat vortrags- und mit künftigen Gewinnen verrechnungsfähig. Das Konzept geschlossener Auslandsfonds sieht demnach von Anbeginn Gewinnanteile und –ausschüttungen für den Anleger vor, die nach den meisten Doppelbesteuerungsabkommen - ebenso wie die Mieteinnahmen - in dem Staat einer Einkommensbesteuerung unterworfen werden, in dem die Immobilie liegt, sog. Belegenheitsprinzip.

[15] Neben den hier dargestellten Vorteilen im Hinblick auf die Einkommenssteuer kommen auch erbschaftssteuerliche Vorteile in Betracht: Erbschaftssteuerlich positiv wirkt sich dabei die Tatsache aus, dass auch die (anteiligen) Gesellschaftsschulden auf den/die Erben übergehen, vgl. allgemein die Darstellung von *Loipfinger*, in: Simmert/Teichmann, Handbuch für Anlageberatung, Teil II, Ziff.9.2, S. 1 ff. .

[16] Zur Beurteilung der Rendite vgl. *Jakobs/Noth*, DStR 1998, 182 ff. .

[17] Nach Auffassung der Finanzverwaltung ist im Immobilienbereich die Gewinnerzielungsabsicht gegeben, wenn nach wenigstens 100 Jahren ein steuerlicher Totalüberschuss erzielt wird.

[18] Der BFH nimmt eine solche an, wenn der Fonds auf Grund einer absehbaren maßgebenden Überschuldung nicht dauernd überlebensfähig ist und (daher) mit einem Ausscheiden seiner Gesellschafter zu einem Zeitpunkt rechnen muss, zu dem

mit positiven Einkünften außerhalb dieser Verlustzuweisungsgesellschaften, sondern nur noch mit positiven Einkünften aus anderen Verlustzuweisungsgesellschaften verrechnet werden.

Von Bedeutung ist weiter § 15 a EStG. Danach sind Verlustzuweisungen an einen beschränkt haftenden Gesellschafter, z. B. den Kommanditisten der KG nur bis zur Höhe seiner Einlage sofort mit anderen, positiven Einkünften ausgleichsfähig. Dies bedeutet, dass der übersteigende Betrag in die Zukunft vorgetragen und mit künftigen Gewinnen aus der Fondsbeteiligung verrechnet wird.

Schließlich ist zu berücksichtigen, dass durch das Steuerentlastungsgesetz 1999/2000/2002 eine neue Regelung zur Verlustverrechnung eingeführt wurde. Nach § 2 Abs. 3 EStG ist der Verlustausgleich zwischen verschiedenen Einkunftsarten nur noch eingeschränkt möglich[19].

b) Einkunftsart

Im Falle einer Beteiligung an einem geschlossenen Immobilienfonds erzielt der Anleger regelmäßig Einkünfte aus Vermietung und Verpachtung i. S. d. § 2 Abs. 1 EStG[20]. Hauptcharakteristikum dieser Qualifizierung ist, dass Veräußerungsgewinne aus dem Verkauf der Beteiligung steuerfrei sind, es sei denn, der Verkauf erfolgt innerhalb der Spekulationsfrist von zehn Jahren, gerechnet vom Erwerb der Beteiligung an, § 23 Abs. 1 Nr. 1 EStG.

---

nach der Konzeption des Fonds kein Gesamtüberschuss erzielt werden kann, vgl. BFH Urteil v. 21.11.2000, AZ: IX R 2/96; zum Begriff vgl. auch BFH, ZfIR 2000, 980 mit Anm. *Tilp*. .

[19]Die Summe der negativen Einkünfte kann nur noch bis zu einem Betrag von 100.000 DM jährlich für Ledige und 200.000 DM für zusammenveranlagte Ehegatten vollständig mit der Summe der positiven Einkünfte ausgeglichen werden. Übersteigen die negativen Einkünfte diese Beträge, dürfen sie nur noch bis zur Hälfte der restlichen Gesamtsumme der positiven Einkünfte berücksichtigt werden. Danach verbleibende negative Einkünfte werden in den Verlustabzug nach § 10d EStG eingestellt.

[20] Dagegen handelt es sich um gewerbliche Einkünfte, wenn die kurzfristige Umschichtung von Vermögenswerten gegenüber der planmäßigen Nutzung von Grundbesitz durch langfristige Vermietung in den Vordergrund tritt. Danach ist nach Auffassung der Finanzverwaltung ein gewerblicher Grundstückshandel gegeben, wenn innerhalb einer Frist von fünf Jahren mehr als drei Immobilien bzw. Anteile an mehr als drei Fonds erworben und anschließend wieder veräußert werden.

c) *Abzugsfähige Aufwendungen*

Hier ist zunächst die Abschreibung für Abnutzung (AfA) zu nennen[21]. Diese ist von den steuerlichen Anschaffungs- oder Herstellungskosten der jeweiligen Gebäude vorzunehmen, wobei zu den sog. Anschaffungsnebenkosten auch Notarkosten, Grunderwerbsteuer, Maklergebühren sowie Kosten des Grundbuchamtes zählen[22].

Daneben sind als Werbungskosten sofort abzugsfähig u. a. laufende Fremdkapitalzinsen, für Fonds- und Objektverwaltung aufgewendete kosten, die Vergütung der Geschäftsführer und Treuhänder sowie durch Inanspruchnahme von Steuer- und Rechtsberatung entstehende Kosten steuerlich absetzbar. Gleiches gilt für Aufwendungen, die nicht der Fondsgesellschaft, sondern dem Anleger persönlich im Zusammenhang mit der Fondsbeteiligung erwachsen, wie z. B. Fremdkapitalzinsen für die Finanzierung der Beteiligung oder eigene Rechtsberatungskosten des Anlegers.

2. Weitere Vorteile

Weiterer Vorteil für den Anleger ist neben den (teilweise steuerfreien) Ausschüttungen und dem Inflationsschutz durch indexierte Mietverträge (bei gewerblichen Immobilien) sowie der Wertsteigerung der Immobilie selbst auch die Tatsache, dass der Anleger nicht die mit der Verwaltung der Immobilie verbundene Belastung zu tragen hat; diese Aufgabe erledigt für ihn die Geschäftsführung der Fonds- bzw. der Objektgesellschaft.

IV. Risiken des geschlossenen Immobilienfondskonzepts

1. Mietverträge

Falls für das Objekt noch keine Mietverträge abgeschlossen wurden, ist eine Erstvermietungsgarantie erforderlich. Bei bereits vermieteten Objekten wird im Hinblick auf das Bonitätsrisiko des Mieters dem Anleger regelmäßig eine Mietausfallgarantie gestellt. Im Fall der wirtschaftlichen

---

[21] Zur Förderung der Investitionstätigkeit in den neuen Bundesländern waren bis Ende1998 Sonderabschreibungen möglich, die innerhalb der ersten fünf Investitionsjahre frei verteilt werden konnten.

[22] Diese Kostenpositionen sind zunächst auf das Grundstück einerseits und das Gebäude andererseits aufzuteilen; der auf das Gebäude entfallende Teil wird sodann Bestandteil der AfA – Bemessungsgrundlage.

Verflechtung des Garanten mit dem Initiator des Fonds ist die Werthaltigkeit dieser Sicherheit jedoch häufig fraglich.

Zu beachten ist weiter, dass der Ausfall eines Großmieters, auf dessen Bedürfnisse das Objekt zugeschnitten wurde[23], häufig den Leerstand des an den Großmieter vermieteten Teils des Objektes zur Folge hat, da es in einem solchen Fall schwer ist, einen Nachmieter zu finden.

2. Instandhaltung

Durch unvorhergesehene Ereignisse können auch bei Neubauten außerordentliche Reparaturaufwendungen entstehen. Fehlt es an ausreichenden Rückstellungen, die dieser Gefahr Rechnung tragen, ist eine Fremdmittelaufnahme notwendig, welche sich wiederum negativ auf die Rentabilität des Fonds auswirkt.

Gleiches gilt für Aufwendungen an der Immobilie, die durch neue technische Anforderungen oder durch eine Veränderung im Verbraucherverhalten verursacht werden.

Neben einer ausreichenden Liquiditätsreserve ist daher ein qualifiziertes Gebäudemanagement erforderlich, das eine wirtschaftlich vorbeugende Instandhaltung, die Planung und Durchführung von notwendigen Ersatzinvestitionen sowie die Durchführung und Überwachung von Wartungs- und Inspektionsarbeiten an der Gebäudesubstanz gewährleistet.

3. Finanzierung

Beinhaltet eine Fondskonstruktion die Aufnahme von Fremdkapital durch die Fondsgesellschaft[24], ist darauf zu achten, dass die Anschlussfinanzierung nach Ablauf der Zinsbindung zu einem realistischen Zinssatz kalkuliert ist, da ansonsten die gesamte Prognoserechnung nicht eingehalten werden kann.

Daneben birgt auch die Idee, durch einen hohen Fremdfinanzierungsanteil für den Anleger - im Verhältnis zu seinem niedrigen Eigenkapitalanteil - hohe Verlustzuweisungen zu ermöglichen[25], Risiken. Sind z. B. die

---

[23] Bei diesen sog. Betreiberimmobilien ist daher das Nutzungskonzept des Mieters sorgfältig zu überprüfen.

[24] Sog. Innenfinanzierung.

[25] sog. Leverage-Effekt; dieser lässt sich auch durch Aufnahme von Fremdkapital durch den Gesellschafter selbst (Aussenfinanzierung) erzielen.

tatsächlichen Mieteinnahmen niedriger als in der Prognoserechnung angenommen, kann dies in Anbetracht der (hohen) Kreditverbindlichkeiten die Zahlungsunfähigkeit der Fondsgesellschaft bzw. die persönliche Inanspruchnahme der Anleger als Gesellschafter einer GbR zur Folge haben.

4. Steuerliche Rahmenbedingungen

Es wurde bereits dargelegt, dass die Beteiligung an einem geschlossenen Immobilienfonds für die Zeichner vor allem steuerliche Vorteile zur Folge hat. Dabei ist allerdings zu beachten, dass nicht gewährleistet ist, dass die steuerlichen Rahmenbedingungen unverändert fortbestehen. Zudem besteht die Gefahr, dass die Finanzverwaltung zu einzelnen Sachverhalten eine andere Auffassung als die Initiatoren des Fonds vertritt. Um diesbezüglich Sicherheit zu erlangen, ist es für den Anleger unbedingt erforderlich, sich bezüglich der steuerrechtlichen Anerkennung des Fonds beraten zu lassen. Dabei wird dann auch die Frage geprüft, ob bei dem Anleger selbst die Vorraussetzungen zur Erzielung steuerlicher Vorteile gegeben sind.

B. Weitere Konzepte

I. Bauherrenmodell

1. Kölner Modell

Bei dieser Form des Bauherrenmodells[26] schließen sich mehrere durch den Initiator bzw. dessen Vertriebsunternehmen angeworbene Kapitalanleger zu einer Bauherrengemeinschaft in Form einer Gesellschaft bürgerlichen Rechts[27] i. S. d. §§ 705 ff. BGB zusammen. Gesellschaftszweck ist die Errichtung einer (meist) größeren Immobilie auf einem zuvor durch die Gesellschafter(i. d. R. vom Initiator) nach Bruchteilen erworbenen Grundstück. Mit der bezugsfertigen Erstellung des Bauvorhabens endet die Bauherrengemeinschaft, § 726 BGB; durch Bildung von Wohnungs- und Teileigentum werden die einzelnen Baueinheiten als Sondereigentum dem Miteigentumsanteil am Grundstück zugeordnet

---

[26] Zur Entstehungsgeschichte vgl. *Maser* NJW 1980, S. 961ff. .
[27] Vgl. BGH KaRS 1988, S. 20 ; *Lutz*, DB 1981, S.1953 f. .

und anschließend nach den Vorschriften des WEG verwaltet bzw. vermietet[28].

Um die Handlungsfähigkeit der(Vielzahl von) Bauherren zu gewährleisten und andererseits diese von den vielfältigen Aufgaben eines Bauherren zu entlasten, erteilen die Kapitalanleger einem Treuhänder eine umfassende Handlungsvollmacht im Rahmen eines- beurkundungspflichtigen[29]-Treuhandvertrages[30]. Danach vertritt der Treuhänder die Kapitalanleger beim Erwerb des Grundstücks vom Initiator, beim Abschluss des Gesellschaftsvertrages, beim Abschluss der Verträge im Baubereich (i. d. R. Generalunternehmervertrag) sowie beim Abschluss der jeweiligen Darlehensverträge.

Aufgrund der Aufhebung der Grunderwerbsteuerfreiheit[31], zum 31.03.1985 im Wesentlichen ausgelaufener Mehrwertsteueroption[32] sowie gestrichener Werbungskostenvorteile spielt das Bauherrenmodell seit Ende 1985 wirtschaftlich keine Rolle mehr[33].

2. Hamburger Modell

Bei diesem Modell, das am Markt praktisch nicht mehr anzutreffen ist, standen die einzelnen Wohnungen zunächst im Gesamthandsvermögen einer Kommanditgesellschaft, an der die Kapitalanleger als Kommanditisten beteiligt waren. Dem Kapitalanleger wurde eine Option eingeräumt, eine bestimmte, im internen Wohnungsbuch der Gesellschaft auf

---

[28] *Meichssner*, in: Reithmann/u.a., S.169.

[29] BGHZ 101,393.

[30] Es handelt sich um einen Geschäftsbesorgungsvertrag mit Dienstleistungscharakter gem. § 675 BGB.

[31] Die landesrechtlichen Grunderwerbsteuergesetze mit Befreiungsvorschriften wurden durch das GrEStG 1983 ersetzt.

[32] 2. Haushaltsstrukturgesetz v. 22.12.1981 BGBl I, S.1523.

[33] Auch das Mietkaufmodell spielt heute keine Rolle mehr. Es wurde auf der Basis des Kölner Modells entwickelt, wobei den Mietern eine grundbuchmäßig abgesicherte Option auf Erwerb der Mietwohnung zu einem vereinbarten Festpreis eingeräumt wurde, die nach Ablauf einer meist fünfjährigen Bindungsfrist ausgeübt werden konnte. - Wegen des vorprogrammierten Weiterverkaufs fehlt es an der erwünschten Qualifikation der erzielten Einkünfte als solchen aus Vermietung und Verpachtung, so dass dieses Modell steuerlich uninteressant ist. -
Hingegen kann eine Beteiligung an einem Altbausanierungsmodell, dessen Konzept im Wesentlichen dem des Kölner Modells entspricht, die Möglichkeit zu Sonderabschreibungen eröffnen, soweit es sich z. B. um Modernisierungsmaßnahmen in städtebaugeförderten Sanierungsgebieten handelt, vgl. *Meichssner*, in: Reithmann/u.a., S. 240.

seinen Namen eingetragene Wohneinheit, nach der sich die Einlage des Kommanditisten bestimmte, zu dem gesellschaftsvertraglich festgelegten Zeitpunkt der Gesellschaftsauflösung im Wege der Realteilung zu erwerben.

II. Erwerbermodell

Beim Erwerbermodell ist der Kapitalanleger - im Gegensatz zum Bauherrenmodell - nicht selbst Bauherr. Vielmehr kauft der Kapitalanleger von einem Wohnungsbauunternehmen oder von einem Bauträger[34] eine fertiggestellte, u. U. bereits vermietete Immobilie.

Steuerlich als Werbungskosten sofort absetzbar sind neben den Zwischen- und Endfinanzierungszinsen, die der Kapitalanleger seiner eigenen Bank schuldet, aus Geschäftsbesorgungsverträgen nach §§ 675 Abs. 1, 631 BGB[35] resultierende Vergütungspflichten des Anlegers.

III. Der offene Immobilienfonds

Der offene Immobilienfonds kann als ein Sammelbecken für Anlagekapital definiert werden, das von einer unbegrenzten („offenen") Personenzahl zur Investition in eine unbegrenzte („offene") Zahl von Immobilien zur Verfügung gestellt wird.

Konkret zahlen die Anleger das Kapital an eine Kapitalanlagegesellschaft[36]. Darunter versteht man Unternehmen, deren Geschäftsbetrieb darauf gerichtet ist, bei ihnen eingelegtes Geld im eigenen Namen für gemeinschaftliche Rechnung der Einleger in Sondervermögen (Wertpapier- Beteiligungs- oder Grundstückssondervermögen) anzulegen und über die hieraus sich ergebenden Rechte der Anteilinhaber Anteilscheine auszustellen, vgl. §1 KAGG. Mit der Verwahrung des Sondervermögens

---

[34] Der Bauträgerkaufvertrag, der neben der Pflicht des Bauträgers zur Übereignung des Grundstücksanteils- verbunden mit dem Sondereigentum an einer bestimmten Wohneinheit- die Bauerrichtungspflicht nach Maßgabe der einzelnen Vertragsformulierungen sowie die Pflicht des Kapitalanlegers zur Zahlung nach Baufortschritt enthält, bedarf insgesamt der notariellen Beurkundung, vgl. im einzelnen *Strohm,* in: Assmann/ Schütze § 20, Rdnr. 166.

[35] Solche Geschäftsbesorgungsverträge beinhalten i. d. R. neben der Endfinanzierungsvermittlung und -bearbeitung Zinsgarantien, Mietenverwaltung sowie Beratung in steuerlichen Fragen.

[36] Sie dürfen nur in der Rechtsform der AG oder GmbH betrieben werden. Als Kreditinstitute unterliegen sie den Vorschriften des KWG, die Geschäftsleiter müssen danach die Qualifikation zur Führung von Bankgeschäften besitzen.

und der Ausgabe und Rücknahme[37] der Anteilscheine hat die Kapitalanlagegesellschaft eine andere Bank (Depotbank) zu beauftragen, §12 KAGG.

Einkünfte aus offenen Immobilienfonds zählen bei Privatpersonen zu den Einkünften aus Kapitalvermögen i. S. d. § 20 EstG[38]. Im Gegensatz zu geschlossenen Immobilienfonds sind hier die Möglichkeiten, steuerliche Verluste zu erzielen, die mit anderen positiven Einkünften verrechnet werden könnten, gering, da sich Verluste durch Abschreibungen nur bei der Kapitalanlagegesellschaft selbst und nicht beim Anleger auswirken. Erst recht kommen vorab abzugsfähige Werbungskosten nur sehr begrenzt in Frage[39].

---

[37] Gem. §11 Abs. 2 KAGG hat der Anteilinhaber einen Anspruch auf Rücknahme des Anteils.

[38] Vgl. Loipfinger/ Nickl/ Richter, S. 26; Veräußerungsgewinne, die durch den Verkauf von Grundstücken und Gebäuden erwirtschaftet werden, sind im Privatvermögen steuerfrei, wenn sie innerhalb der zweijährigen Spekulationsfrist zwischen An- und Verkauf des Objektes erzielt werden.

[39] *Strohm*, in: Assmann/ Schütze § 20 Rdnr. 211 .

Abschnitt II

Die Haftung des finanzierenden Kreditinstitutes wegen Verletzung von Aufklärungspflichten

Dem Darlehensrückzahlungsanspruch der Bank halten die Darlehensnehmer in vielen Fällen einen Schadensersatzanspruch, gerichtet auf Freistellung von sämtlichen Verpflichtungen aus dem Darlehensvertrag sowie auf Rückzahlung von bereits geleisteten Raten, entgegen. Den Schadensersatzanspruch begründen die Darlehensnehmer damit, dass die Bank es versäumt habe, den Darlehensnehmer über bestimmte, mit der Beteiligung an dem Fonds bzw. dem Abschluss des Darlehensvertrages verbundene Risiken aufzuklären.

Bevor die durch die Darlehensnehmer angeführten Informationsdefizite darauf hin untersucht werden, ob ihre Nichtbeseitigung durch die Bank Schadensersatzansprüche der Darlehensnehmer auslösen, sind zunächst die Grundlagen einer solchen Untersuchung zu schaffen. Neben einer exakten Definition des Begriffs „Aufklärung“ beinhaltet dies die Bestimmung der Anspruchsgrundlage möglicher Schadensersatzansprüche.

A. Grundlagen

I. Begriffsbestimmung

Unter der **Aufklärungspflicht** ist die Pflicht zu verstehen, den Vertragspartner ungefragt[1] über erkennbar entscheidungserhebliche Umstände vollständig und richtig zu informieren[2]. Da die Aufklärung durch die Bank vor der Entscheidung des Kunden zu erfolgen hat, ist - bezüglich möglicher Pflichtverletzungen - auf ihren Kenntnisstand zu diesem Zeitpunkt

---

[1] Gleiches gilt für die Unterrichtung. Zur Unterscheidung der beiden Begriffe vgl. *Hadding*, in FS Schimansky, 67, 73 f. : Danach versteht man unter Unterrichtung das bloße Verschaffen der Kenntnis von Tatsachen, also von Wissen, während die Aufklärung i. d. R. eine Erläuterung der Information (belehrende Unterrichtung) umfasst, durch die das Verständnis von Zusammenhängen vermittelt wird. - Hingegen wird eine Auskunft stets auf eine Anfrage hin erteilt, vgl. *Oechsler*, in Staudinger, § 826, Rdnr. 198 ff. .

[2] *Roth*, in: MüKo, § 242 Rdnr. 210.

abzustellen. Erkenntnisse, die die Bank nach der Entscheidung des Kunden gewinnt, sind unerheblich[3].

Darüber hinaus enthält die **auf Anfrage** des Kunden durchgeführte **Beratung** eine - unter Berücksichtigung der persönlichen Verhältnisse des Kunden - eigene Stellungnahme des Beraters zu den Gestaltungsmöglichkeiten, die nach Auffassung des Beraters dem Empfänger des Rats offen stehen[4]. Da der Pflichtenkatalog der Banken - wie noch zu zeigen sein wird - wesentlich durch das von dem Kunden entgegengebrachte Vertrauen bestimmt wird, schuldet das Kreditinstitut bei Zustandekommen eines Beratungsvertrages aufgrund der Erwartungshaltung des Kunden neben der Bewertung der einzelnen Gestaltungsmöglichkeiten eine Empfehlung in Form eines konkreten Vorschlags[5].

II. Anspruchsgrundlage

1. Verletzung der Pflichten aus einem allgemeinen Bankvertrag

Nach einer starken Auffassung in der Literatur[6] finden die bankrechtlichen Aufklärungspflichten ihre Grundlage in einem allgemeinen Bankvertrag[7]. Dieser komme dadurch zustande, dass anlässlich einer Kontoeröffnung zwischen Kunden und Kreditinstitut die Geltung der Allgemeinen Geschäftsbedingungen des Kreditinstitutes für „die gesamte Geschäftsverbindung"[8] bzw. „die Geschäftsbeziehung"[9] vereinbart werde. Damit würde ein Bankvertrag als Rahmenvertrag abgeschlossen, der unmittel-

---

[3] LG Hamburg, ZIP 1994, 1439 mit zustimmender Anm. *van Look*, in WuB I G 1.-3.95.
[4] *Hadding*, in FS Schimansky, 67, 74.
[5] So im Ergebnis auch *Horn*, ZBB 1997, 139, 141.
[6] Vgl. die Nachweise bei *Hopt*, in Bankrechtshandbuch, § 1, Rdnr. 53.
[7] Als mögliche Grundlage für Aufklärungspflichten sieht *Hopt* auch das gesetzliche Schuldverhältnis der Geschäftsverbindung, welches entscheidend durch die Berufshaftung des Kreditinstitutes geprägt sei. Das gesetzliche Schuldverhältnis werde aber durch den Bankvertrag überlagert und vertraglich ausgestaltet, vgl *Hopt*, Kapitalanlegerschutz, S. 393 ff. . Was den Ansatzpunkt des Berufsrechts (vgl. *Hopt*, AcP 183, 608, 705 ff. zu den Pflichten) betrifft, hat *Breidenbach* (S. 34 f.) überzeugend dargelegt, dass diese Auffassung eine Stütze im geltenden Recht nicht findet. Gegen den Ansatzpunkt der Berufshaftung auch *Rümker* (BrV 3, 29, 36), der zutreffend darauf hinweist, dass der berufliche Fachmann dann nicht haftet, wenn er außerhalb des rechtsgeschäftlichen Verkehrs einen Rat erteilt.
[8] Nr. 1 Abs. 1 AGB-Banken.
[9] Nr. 1 Abs. 2 AGB-Sparkassen.

bar Rechte und Pflichten, u. a. Aufklärungspflichten, zwischen Kreditinstitut und Kunden begründe.

Dass die erforderliche Einigung hinsichtlich des Vertragsschlusses vorliege, ergebe sich aus einer Vertragsauslegung nach §§ 133, 157 BGB. Das Interesse des typischen Kunden gehe dahin, dass die Bank auch über das konkrete Geschäft hinaus seine Interessen wahre, z. B. das Bankgeheimnis beachte. Auf der anderen Seite bringe die Bank von vornherein zum Ausdruck, dass sie sich diesen Erwartungen nicht verschließe. Dies zeige sich in den AGB, so wenn darin die Wahrung des Bankgeheimnisses auch über das konkrete Bankgeschäft versprochen oder betont werde, dass die Geschäftsbeziehung durch ein besonderes Vertrauensverhältnis geprägt sei[10].

Diese Auffassung begegnet Bedenken. Der Hinweis auf die Erwartung des Kunden genügt nicht, um die Annahme einer rechtsgeschäftlichen Verpflichtung zu begründen, zumal ohnehin streitig ist, ob die Sicht des Erklärungsempfängers bei der Beantwortung der Frage, ob eine Willenserklärung und damit ein Rechtsgeschäft gegeben ist, zu berücksichtigen ist.

Es wird nämlich die Meinung vertreten, dass ausschließlich auf die Person des Erklärenden abzustellen ist. Dies wird damit begründet, dass Privatautonomie Selbstbestimmung der Person durch rechtliche Selbstgestaltung ist. Danach ist das Wesen des Rechtsgeschäfts darin zu erblicken, dass die Parteien in Selbstbestimmung Rechtsfolgen in Geltung setzen. Das Rechtsgeschäft ist somit seiner Natur nach „Geltungserklärung“[11]. Von einem Vertrag zwischen Bank und Kunden wäre nach dieser Auffassung nur auszugehen, wenn seitens der Bank das Bewusstsein vorhanden wäre, dass sie durch die Einbeziehung der AGB einen Bankvertrag abschließt, was konkret schwer nachzuweisen sein dürfte. Fehlt es an diesem Bewusstsein, wird nicht in Selbstbestimmung ein Rechtsverhältnis gestaltet[12].

Auch wenn man die Gegenauffassung vertritt, reicht der Hinweis auf die Erwartung des Bankkunden nicht aus. Nach dieser Auffassung ist zwar bei fehlendem Erklärungsbewusstsein die Willenserklärung dem Erklärenden dennoch objektiv zuzurechnen, wenn der Erklärungsempfänger insofern schutzwürdig ist, als der Handelnde bei ihm fahrlässig Vertrauen

---

[10] *Hopt*, in Bankrechtshandbuch, § 1, Rdnr. 19.
[11] *Canaris*, Vertrauenshaftung, S. 413 m. w. Nachw. .
[12] *Canaris*, a. a. O., S. 427 f. .

auf einen bestimmten Erklärungsinhalt hervor gerufen hat[13]. Woraus diese Schutzwürdigkeit des Bankkunden abzuleiten ist, müsste jedoch erst noch erläutert werden. Allein der Hinweis auf die Geltung der AGB für die „gesamte Geschäftsverbindung" bzw. „Geschäftsbeziehung" rechtfertigt m. E. nicht das Vertrauen des Kunden in die Tatsache, dass damit seitens der Bank mehr als eine Vorabvereinbarung der AGB i. S. d. § 2 Abs. 2 AGBG für weitere Einzelverträge gewollt ist.

Für die hier zu untersuchenden Fälle bedarf es allerdings keiner endgültigen Klärung der angesprochenen Fragen. Die Annahme eines allgemeinen Bankvertrages scheidet im Regelfall bereits aus tatsächlichen Gründen aus.

Der Initiator des Fonds stimmt mit einer durch ihn ausgewählten Bank die Rahmenbedingungen einer möglichen Finanzierung der Anteile der Zeichner ab, wobei sich die Bank eine entsprechende Bonitätsprüfung der möglichen Darlehensnehmer vorbehält. Im Rahmen der Verhandlungen über einen Beitritt zu dem Fonds wird dem Zeichner eine Finanzierung über die durch den Initiator ausgewählte Bank angeboten. Von dieser Möglichkeit machen die Zeichner regelmäßig Gebrauch, weil Ihnen gleichzeitig versprochen wird, sich nach Erteilung der entsprechenden Vollmacht um „nichts kümmern zu müssen". Weil der anschließende Abschluss des Darlehensvertrages die erste rechtsgeschäftliche Vereinbarung zwischen Zeichner/Darlehensnehmer und Bank darstellt, sind in der Phase der Vorbereitung des jeweiligen Darlehensvertrages die Allgemeinen Geschäftsbedingungen der finanzierenden Bank nicht bereits vereinbart. Eine Aufklärungspflicht aus einem allgemeinen Bankvertrag kommt demnach nicht in Betracht.

2. Vertrauenshaftung

Ausgehend von den Wertungen des positiven Rechts hat *Canaris*[14] ein System der Vertrauenshaftung entworfen. Danach ist Vertrauensschutz nur zu gewähren, wenn das Vertrauen nicht „blind" ist, sondern sich auf eine objektive Grundlage stützen kann. Daher ist für einen Anspruch aus Vertrauenshaftung grundsätzlich ein **Vertrauenstatbestand** erforderlich. Während der Vertrauenstatbestand als Haftungsgrund angibt, warum und unter welchen Voraussetzungen die Rechtsordnung die eine Partei schützt, entscheidet das **Zurechnungsprinzip**, warum und unter welchen Voraussetzungen die Folgen des Vertrauens nicht vom Vertrauen-

[13] *Heinrichs*, in Palandt, Einf. v. § 116 Rdnr. 17 m. w. Nachw. .
[14] *Canaris*, Vertrauenshaftung, S. 491 ff. .

den, sondern von einer anderen Person zu tragen sind. Da leichtfertiges Vertrauen keinen Schutz verdient, muss der Vertrauende in seinem Vertrauen **schutzwürdig** sein. Schließlich setzt ein Anspruch aus Vertrauenshaftung voraus, dass das Vertrauen in einer **Disposition** oder **Vertrauensinvestition** Ausdruck gefunden hat.

Eine Vertrauenshaftung im Sinne von *Canaris* kommt in den hier zu besprechenden Fällen nur ausnahmsweise in Betracht. So ist eine Vertrauenshaftung – nach der der Zeichner von der Richtigkeit des Prospekts ausgehen darf - anzunehmen, wenn eine Bank sich in dem Prospekt der Fondsgesellschaft nicht nur als Kreditgeberin, sondern als **Referenz** benennen lässt[15]. Als Vertrauenstatbestand kommt das sog. typisierte Vertrauen in Betracht. Grundlage der Vertrauenshaftung ist dabei das Vertrauen, das sich aus einer Art Garantenstellung herleitet, die kraft Amtes oder Berufes entsteht oder auf einer allgemein anerkannten und hervorgehobenen beruflichen oder wirtschaftlichen Stellung beruht[16]. Die Verantwortlichkeit des „Garanten" ist dabei begrenzt auf den Umfang, in dem er in dem Prospekt mit einer eigenen Erklärung in Erscheinung tritt. Als typische Sachkenner werden dabei vor allem Rechtsanwälte, Wirtschaftsprüfer und Steuerberater angesehen. Aber auch Banken gehören zu dem Kreis der berufsmäßigen Sachkenner.

Ein derartiger, in einem Prospekt enthaltener Hinweis erfolgt mit dem Ziel, den Absatz der angebotenen Immobilien bzw. Fondsanteile zu fördern. Dabei nutzen die Herausgeber des Prospekts die Tatsache, dass Kreditinstitute allgemein als sachkundig im Hinblick auf die Begutachtung von Immobilien (-fondsprojekten) erachtet werden und dass sie nach Auffassung der potentiellen Zeichner ihren Namen nur für seriöse Projekte zur Verfügung stellen. Ein solches ist aber zumindest dadurch gekennzeichnet, dass die im Prospekt enthaltenen Angaben der Wahrheit entsprechen.

Die Kreditinstitute sind sich der verkaufsfördernden Wirkung ihrer namentlichen Nennung bewusst. Ansonsten bestünde auch kein Grund, sich in dem Prospekt als Referenz benennen zu lassen. Ihnen muss auch klar sein, dass sie bei einem möglichen Zeichner den Eindruck er-

---

[15] Vgl. BGH, WM 1992, 1269. Der BGH ließ die Frage offen, ob eine Prospekthaftung, besteht. Statt dessen nahm der BGH eine Haftung aus cic an, weil die Bank dadurch, dass sie sich als „Referenz" benennen lasse, ein Vertrauen erwecke, das auf eine erkennbar nach außen in Erscheinung tretende Übernahme von Funktionen des Veräußerers aufbaue.

[16] BGHZ 79, 337, 341.

wecken, die Richtigkeit der Prospektangaben überprüft zu haben. Damit ist ihnen der Vertrauenstatbestand zurechenbar, ob man nun von dem Zurechnungsprinzip des Verschuldens oder von dem Risikoprinzip[17] ausgeht. Weil der Zeichner die Unrichtigkeit des Vertrauenstatbestandes nicht durchschauen kann, ist er schutzwürdig. Die für eine Haftung zu fordernde Disposition ist im Beitritt zu der Fondsgesellschaft zu sehen. Enthält der Prospekt unrichtige Angaben, z. B. zu den zu erzielenden Mieteinnahmen, hat die Bank dem Zeichner folglich Schadensersatz zu leisten.

Assmann[18] verneint eine Haftung aus cic und damit auch eine Vertrauenshaftung, weil die Tatsache, dass die Bank sich „ganz allgemein als Referenz benennen lässt", kein Vertrauen erwecke, das auf eine erkennbar nach außen in Erscheinung tretende Übernahme von Funktionen des Vertreibers aufbaue. Dabei verkennt *Assmann* aber die durch die Nennung als „Referenz" beabsichtigte, soeben dargestellte Wirkung. Will eine Bank diesen Eindruck vermeiden, muss sie darauf hinwirken, dass ihre eingeschränkte Funktion aus dem Prospekt zu ersehen ist, z. B. durch Erwähnung als „Partner für die Finanzierung"[19].

Im Regelfall wird der Anspruch gegen die finanzierende Bank darauf gestützt, dass diese es versäumt habe, den Zeichner über entscheidungsrelevante Umstände aufzuklären. So machen die Zeichner z. B. geltend, durch die Beteiligung würden steuerliche Vorteile nicht in dem Maße erzielt, wie dies durch die Initiatoren prognostiziert worden sei. Soweit es dabei um das **reine Unterlassen** geht, kommt ein Vertrauenstatbestand nicht in Betracht. Ein solcher kann nur durch eine positive Handlung geschaffen werden. Dies wird auch von *Canaris*[20] grundsätzlich so gesehen. Zwar führt er aus, dass „allgemein das Unterlassen dem positiven Tun gleich zu stellen ist", doch ist dabei zu berücksichtigen, dass *Canaris* Unterlassen versteht als „Unterlassen der Beseitigung eines bereits

---

[17] Die Bank beherrscht die von der Erklärung ausgehende Gefahr eher als der Zeichner: Sie kennt die Unrichtigkeit ihrer Erklärung, vgl. *Canaris*, a. a. O., S. 482.
[18] WuB I G 4. – 8.92 . Zuzustimmen ist ihm insofern, als er eine Koordination dessen fordert, was man bei der Benennung eines als Finanzierungsbank vorgesehenen Kreditinstituts als „Referenz" an vertrauensbildendem Erklärungsgehalt beimessen darf. Er vertritt zu Recht die Auffassung, dass bei Annahme einer Haftung aus cic konsequenterweise auch eine Prospekthaftung, also eine Vertrauenshaftung kraft Garantenstellung anzunehmen ist.
[19] Vgl. OLG Frankfurt, WM 1997, 27 ff. .
[20] A. a. O., S. 488 ff. .

anderweitig bestehenden Vertrauenstatbestandes"[21]. Auch nach *Canaris* wird also die Vertrauensgrundlage nicht durch das Unterlassen selbst geschaffen. Entsprechend sieht er für eine Zurechnung des entsprechenden Verhaltens nicht die Verletzung einer Rechtspflicht als notwendige Voraussetzung an. Der Umstand, dass sich ein bereits bestehender Vertrauenstatbestand gegen eine bestimmte Person richte, bilde das „Analogon zu der sonst maßgeblichen Rechtspflicht"[22].

Soweit *Canaris* in seinen Ausführungen zur Erklärungshaftung von diesem Grundsatz abweicht[23], kann ihm nicht gefolgt werden. Den tragenden Grund für eine Einstandspflicht im Rahmen der Erklärungshaftung sieht *Canaris* darin, dass jemand für die Folgen einer von ihm abgegebenen fehlerhaften Erklärung aufzukommen hat. Dabei soll das zurechenbare Unterlassen einer – zur Aufklärung des anderen Teils erforderlichen – Erklärung der fehlerhaften Erklärung gleich zu stellen sein. Unklar bleibt jedoch, worin im Fall des reinen Unterlassens einer Erklärung ein Vertrauenstatbestand gesehen werden könnte. Der in diesem Zusammenhang gegebene Hinweis darauf, dass auch *Hildebrandt* das Unterlassen der Erklärung der fehlerhaften Erklärung gleichstellt[24], stützt die Annahme von *Canaris* nicht. Die Aussage von *Hildebrandt* lässt sich auf die von *Canaris* vorgegebene Struktur nicht übertragen, weil die Folgen von „Erklärungsverletzungen" im Rahmen unterschiedlicher Anspruchsgrundlagen untersucht werden. Während *Canaris* den Haftungsgrund in einem durch eine Erklärung geschaffenen Vertrauenstatbestand sieht, leitet *Hildebrandt* einen Anspruch auf Ersatz des Schadens, der auf (enttäuschtes) Vertrauen auf eine Erklärung zurück zu führen ist, aus den Grundsätzen der culpa in contrahendo (cic) ab. Folglich sieht dieser den Haftungsgrund in der Verletzung der Pflichten, die aus einem vorvertraglichen Schuldverhältnis resultieren[25]. Dabei stellt er zu Recht die Verletzung von Wahrheitspflichten (positive Erklärungsverletzung) derjenigen von Anzeigepflichten(negative Erklärungsverletzung) gleich[26].

Die Schaffung eines Vertrauenstatbestandes wäre in diesem Zusammenhang nur denkbar, wenn man das Schweigen des Kreditinstitutes zu den Erfolgsaussichten des finanzierten Projekts als **konkludente Erklä-**

---

[21] *Canaris*, a. a. O., S. 492: Als Beispiel führt er die unterlassene Beseitigung eines falschen Handelsregistereintrages an.
[22] *Canaris*, a. a. O., S. 489.
[23] A. a. O., S. 532 f. .
[24] *Hildebrandt*, Erklärungshaftung, S. 132.
[25] *Hildebrandt*, a. a. O., S. 134.
[26] *Hildebrandt*, a. a. O., S. 132.

rung zu für den Zeichner maßgeblichen Kriterien betreffend den Fondsanteil wertete, etwa als positive Beurteilung der über die Beteiligung zu erzielenden Rendite. Nur in diesem Fall käme eine Erklärungshaftung in Betracht. Für eine solche Auslegung des Schweigens der Bank besteht jedoch kein Raum. Sie ist nicht mit dem wirklichen Willen der Bank, der Ausgangspunkt der Auslegung von Schweigen ist[27], zu vereinbaren. Denn die lediglich finanzierende Bank ist vor dem Hintergrund einer möglichen Haftung nicht gewillt, sich zu den Erfolgsaussichten der finanzierten Beteiligung zu äußern. Auch unter dem Aspekt des Gesamtverhaltens (der Bank) ließe sich dieses Ergebnis nicht begründen. Da die Phase der Anbahnung des Kreditvertrages i. d. R. den ersten rechtsgeschäftlichen Kontakt zwischen Bank und Darlehensnehmer darstellt, sind objektive Anhaltspunkte für eine solche Auslegung des Verhaltens der Bank nicht gegeben.

Sofern ein Zeichner seine Ansprüche gegen die finanzierende Bank darauf stützt, dass diese es unterlassen habe, über entscheidungserhebliche Umstände aufzuklären, scheidet mangels eines Vertrauenstatbestandes ein Anspruch gegen die Bank nach den Regeln der Vertrauenshaftung aus.

3. Gesetzliches Schuldverhältnis

Als Anspruchsgrundlage kommen aber die §§ 280 Abs. 1, 311 Abs. 2 BGB in Betracht. Nach § 311 Abs. 2 BGB entsteht ein Schuldverhältnis mit Pflichten nach § 241 Abs. 2 BGB zur Rücksichtnahme auf die Rechte und Interessen des anderen Teils auch (bereits) durch die Aufnahme von Vertragsverhandlungen. Die Vorschrift des § 311 Abs. 2 BGB schafft eine Rechtsgrundlage für das bislang ungeschriebene Rechtsinstitut der „culpa in contrahendo“. Der Grund für das gesetzliche Schuldverhältnis, das durch die Aufnahme der Vertragsverhandlungen entstehe, und das die Verhandlungspartner zu billiger Rücksichtnahme und zu sorgfältigem Verhalten verpflichte, wurde in der Gewährung von in Anspruch genommenem Vertrauen gesehen[28].

Verletzt der Schuldner die in § 241 Abs. 2 BGB normierten Pflichten, ist er zum Ersatz des hieraus entstehenden Schadens verpflichtet, es sei denn, der Schuldner hat die Pflichtverletzung nicht zu vertreten, § 280 Abs. 1 BGB. Zu diesen Pflichten kann es gehören, den anderen Teil über bestimmte Umstände aufzuklären. Ob im konkreten Einzelfall eine Pflicht

---

[27] Vgl. *Mayer-Maly*, in MüKo, § 133, Rdnr. 50.
[28] Vgl. *Stoll*, in FS von Caemmerer, S. 435 m. w. Nachw. .

zur Aufklärung des Vertragspartners besteht, bestimmt sich nach § 242 BGB. Das Unterlassen einer Aufklärung begründet also eine Haftung gegenüber dem Vertragspartner, wenn dieser nach den Grundsätzen von Treu und Glauben unter Berücksichtigung der Verkehrsanschauung redlicherweise Aufklärung erwarten durfte. Vor diesem Hintergrund stellt sich die Frage, hinsichtlich welcher Umstände, die geeignet sind, die Entscheidung der Darlehensnehmer zum Abschluss des Darlehensvertrages zu beeinflussen, eine Aufklärungspflicht der Bank besteht.

B. Aufklärungspflichten der finanzierenden Bank

I. Aufklärungspflicht bezüglich des Inhaltes des Kreditvertrages

1. Leistungsfähigkeit des Kreditnehmers

Teilweise wird durch die Darlehensnehmer vorgetragen, die Bank hätte darüber aufklären müssen, dass der betreffende Darlehensnehmer in Anbetracht seiner finanziellen Situation nicht in der Lage sei, die aus dem Darlehensvertrag resultierenden Belastungen zu tragen. Dieser Auffassung kann nicht gefolgt werden.

Ziel der Informationspflichten ist es, die Informationsbasis des Vertragspartners des Aufklärungspflichtigen zu erweitern, um so eine selbstbestimmte Entscheidung über das Eingehen der Verbindlichkeit zu ermöglichen. Im Hinblick auf die Einkommensverhältnisse des Darlehensnehmers ist die Bank aber nicht in der Lage, die Informationsbasis des Darlehensnehmers zu erweitern. Schließlich ist es der Darlehensnehmer, der seine Einkommensverhältnisse am besten kennt und daher am ehesten in der Lage ist, zu beurteilen, ob die aus dem Darlehensvertrag resultierende Belastung für ihn tragbar ist. Soweit die Bank Informationen zur finanziellen Situation des Darlehensnehmers hat, wurden ihr diese im übrigen durch den Darlehensnehmer selbst gegeben. Insofern fehlt es an einem **Informationsbedarf**.

Dies wird auch durch die Rechtsprechung so beurteilt. Nach Auffassung des OLG Frankfurt[29] ist eine Bank dem Kunden gegenüber nicht ver-

---

[29] WM 1998, 337 unter Hinweis auf OLG Köln, WM 1994, 197.

pflichtet, seine Kreditwürdigkeit und Leistungsfähigkeit zu überprüfen[30]. Zur Begründung führt das Gericht aus, es sei Sache des Kunden, sich auf die mit dem finanzierten Kauf verbundenen Belastungen einzulassen. Die Bank sei nicht verpflichtet, dem Darlehensnehmer eine Aufstellung der Lebenshaltungskosten, der Einkommensverhältnisse und der zu übernehmenden Verbindlichkeiten zu machen; schließlich sei es der Darlehensnehmer, der seine Einkommensverhältnisse am besten kenne[31]. Weiter stellt das Gericht fest, dass derjenige, der einen Vertrag schließt, sich selbst darüber vergewissern muss, ob der Vertrag für ihn von Vorteil ist oder nicht[32].

Zudem ist zu berücksichtigen, dass sich die - zum Zeitpunkt der Darlehensgewährung zu erwartende - Entwicklung der Einkommensverhältnisse des Darlehensnehmers in den hier zu besprechenden Fällen der Finanzierung des Erwerbs von Anteilen an geschlossenen Immobilienfonds nach der Rendite des Fondsanteils richtet. Bezüglich dieser – ausschließlich in der Sphäre des Darlehensnehmers liegenden – Umstände besitzt die finanzierende Bank grundsätzlich keine Kenntnisse, so dass es insofern auch an der **Möglichkeit der Information** fehlt.

Eine Aufklärungspflicht über die Leistungsfähigkeit des Darlehensnehmers besteht auch nicht unter dem Aspekt des **§ 18 KWG**. Nach dieser Vorschrift darf ein Kreditinstitut einen Kredit von insgesamt mehr als 250.000 Euro nur gewähren, wenn es sich von dem Kreditnehmer die wirtschaftlichen Verhältnisse offen legen lässt. Hingegen wird eine Pflicht zu einer wie auch immer gearteten Aufklärung nicht statuiert. Damit scheidet bereits dem Wortlaut nach eine Pflichtverletzung aus, wenn nach erfolgter Offenlegung der wirtschaftlichen Verhältnisse eine Aufklärung unterbleibt. Eines Hinweises auf den Schutzzweck des § 18 KWG

---

[30] vgl. auch OLG Stuttgart, EWiR 2001, 907 f.; OLG Köln, WM 2000, 2139, 2143, Revision BGH XI ZR 257/00, wonach die Prüfung der Bonität des Darlehensnehmers nur dem Abschätzen des eigenen Kreditausfallrisikos dient und nicht etwa im Interesse des Darlehensnehmers erfolgt.

[31] OLG Frankfurt, a. a. O., S. 339; OLG Hamm, BB 1992, 2177 führt diesen Gedanken näher aus: Danach sei in erster Linie der Schuldner in der Lage, zu beurteilen, inwiefern noch auf weitere finanzielle Quellen zurückgegriffen werden könne. In einem weiteren Urteil bestätigte das OLG Hamm seine Auffassung, wonach eine Aufklärungspflicht des Kreditinstitutes über ein Missverhältnis zwischen den finanziellen Möglichkeiten des Darlehensnehmers und den aus der Aufnahme des Darlehens resultierenden Verpflichtungen nicht besteht, OLG Hamm, Urt. vom 15.03.2000, AZ: 31 U 151/99, n.v.; so auch OLG Bamberg, Urt. v. 29.05.2000, AZ: 4 U 177/99, n.v., Revision BGH XI ZR 198/00.

[32] OLG Frankfurt, a. a. O., S. 339.

bedarf es somit erst, wenn feststeht, dass eine Offenlegung der wirtschaftlichen Verhältnisse nicht erfolgt ist. In diesem Zusammenhang wird zu Recht einhellig die Auffassung vertreten, § 18 KWG habe nicht den Charakter eines Schutzgesetzes zugunsten von Darlehensnehmern; vielmehr erfülle die Vorschrift, deren Nichtbeachtung eine Ordnungswidrigkeit i. S. d. § 56 Abs. 3 Nr. 4 KWG darstellt, lediglich **eine ordnungspolitische Funktion** im Verhältnis zwischen den Kreditinstituten und dem Bundesaufsichtsamt für das Kreditwesen[33]. Ziel der staatlichen Bankenaufsicht - und damit der Vorschriften des KWG - ist es , den Bankkunden, vor allem den Einleger, vor Nachteilen und Verlusten, die aus Unzulänglichkeiten, aus leichtfertiger oder unlauterer Geschäftsgebarung der Kreditinstitute entstehen können, zu schützen sowie die Funktionsfähigkeit des Kreditapparates zu erhalten[34].

Unter einem anderen Aspekt betrachtet *Thorn*[35] die Problematik. Er erwähnt unter dem Stichwort „Aufklärungsversäumnisse" die Tatsache, dass der Anlagevermittler dem Anleger regelmäßig nur die sich nach Einbeziehung der prognostizierten Erträge noch notwendigen Zuzahlungen nennt. Dieser Auffassung kann nicht gefolgt werden. Die nach § 429 Abs. 1 Satz 5 BGB erforderlichen Angaben, aus denen die finanzielle Belastung des Darlehensnehmers hervor geht, werden entweder gegenüber dem Darlehensnehmer selbst oder gegenüber dem durch ihn bevollmächtigten Treuhänder, dessen Kenntnis sich der Anleger nach § 166 Abs. 1 BGB zurechnen lassen muss, gemacht. Die zur Rückzahlung des Darlehens erforderlichen Mittel aufzubringen, ist aber Sache des Darlehensnehmers. Dass eine Bank nicht verpflichtet ist, den Darlehensnehmer über seine Leistungsfähigkeit aufzuklären, wurde bereits dargelegt. Was im Falle eines vermögenslosen Darlehensnehmers gilt,

---

[33] *Von Heymann*, Bankenhaftung bei Immobilienanlagen, S. 138; *Reischauer/ Kleinhans*, § 18, Rdnr. 3. Da also nicht der Schutz des Einzelnen bezweckt wird, kommt auch ein Schadensersatzanspruch eines Gläubigers nach § 823 Abs. 2 BGB wegen Nichteinhaltung des § 18 KWG nicht in Betracht, so auch Früh, WM 1995, 1701, 1709. Aus der Rechtsprechung OLG Köln, WM 1999, 1817; OLG Stuttgart, OLGR Karlsruhe/ Stuttgart 2001, 12,18 m. w. Nachw., bestätigt durch Nichtannahmebeschluss des BGH XI ZR 28/00; LG Frankfurt, WM 2001, 257, 260: „Die Vorschrift dient im wesentlichen – wie die übrigen Regelungen des KWG – dem Schutz der Geldeinleger"; OLG Stuttgart, WM 2000, 1190, 1191; LG Stuttgart, WM 1999, 1822, 1824 mit Anm. *Rösler*, in WuB I G 5.- 9.99, der zu Recht darauf hinweist, dass - entgegen der Auffassung der Darlehensnehmer - § 18 KWG ein persönliches Gespräch zwischen Bank und Kunden nicht erfordere, weil dies weder dem Wortlaut noch dem Sinn und Zweck der Vorschrift zu entnehmen sei.

[34] *Reischauer/Kleinhans*, Einleitung, S. 1.

[35] Vgl. S. 173, Fn. 1030.

muss erst recht gelten, wenn der vermögenslose Darlehensnehmer Aussicht auf Vermögenszuwachs hat.

Sofern dem Darlehensnehmer durch den Vermittler zugesagt wird, eine persönliche Inanspruchnahme würde nicht erfolgen, betrifft dies den spekulativen Teil des Gesamtprojekts (,bestehend aus Finanzierungsgeschäft und finanziertem Geschäft), genauer die prognostizierte Rendite aus der Beteiligung an dem Fonds. Sofern eine Verpflichtung der finanzierenden Bank zur Aufklärung über diesen Aspekt besteht[36], handelt es sich jedenfalls nicht um eine Aufklärung hinsichtlich des Inhaltes des Darlehensvertrages. Dass die Ursache für ein Scheitern des Gesamtprojekts nicht im Bereich der Finanzierung, sondern auf der Ebene des finanzierten Geschäfts zu suchen ist, wird auch von *Thorn* so gesehen. Entsprechend führt er aus, dass der Abschluss des Finanzierungsgeschäfts vor allem im Vertrauen auf die Durchführbarkeit des finanzierten Geschäfts vorgenommen worden sei[37]. Dass ein solches Vertrauen bei dem Darlehensnehmer vorhanden ist, ist aber nicht der Bank zuzurechnen. Muss der Darlehensnehmer – entgegen der Aussage des Vermittlers – doch eigene Mittel zur Rückführung des Darlehens aufbringen, hängt dies mit dem Fehlschlagen des finanzierten Geschäfts, also der Realisierung des aus dem finanzierten Geschäfts resultierenden Risikos zusammen. So bleibt es unverständlich, weshalb *Thorn* in diesem Zusammenhang sachgerechte Informationen über die Sonderrisiken des Finanzierungsgeschäfts fordert[38].

Nach einer Auffassung in der Literatur soll die Aufklärungspflicht des Kreditinstitutes bei finanzieller Überforderung des Kreditnehmers u. U. auch die Pflicht beinhalten, die Gewährung des Kredits zu verweigern[39]. Eine solche Annahme ist in zweifacher Hinsicht verfehlt:
Zum einen wird die Funktion von Aufklärungspflichten verkannt, die **nicht** darin besteht, **ein bestimmtes Ergebnis** vorzugeben. Es liegt nach wie vor an dem Adressaten der Information, selbstverantwortlich zu entscheiden[40]. Aufklärung über ein bestehendes Risiko bedeutet nicht, dass das Risiko damit beseitigt ist, wenngleich an die Aufklärung die Erwartung nach einer bestimmten Entscheidung geknüpft wird. Ohnehin

---

[36] Vgl. hierzu II. .
[37] *Thorn*, S. 175 f. .
[38] A. a. O., S. 176.
[39] *Brandner*, ZHR 153, 147, 159.
[40] Vgl. *Rümker*, in BrV 3, 29, 39 und Arendts, S. 167. Insofern unzutreffend *Köndgen*, S.125, nach dem die Informationspflicht dazu dient, „jedem Vertragsschließenden ein gutes oder auch nur faires Geschäft zu sichern".

ließen sich rechtspolitisch unerwünschte Ergebnisse nicht dadurch vermeiden, dass man Aufklärungspflichten auferlegt. Die Rechtspraxis würde ihr Verhalten den (durch die Gerichte) aufgestellten Anforderungen anpassen, was zur Folge hätte, dass ab diesem Zeitpunkt für eine Missbilligung des rechtspolitisch unerwünschten Ergebnisses keine Handhabe (mehr) bestünde.

Zum anderen würde eine Verhinderung des Vertrages - ebenso wie eine „Vernichtung" über § 138 BGB - den Parteien und damit auch dem Schuldner die Möglichkeit nehmen, sich aufgrund einer Einschätzung seiner eigenen Leistungsfähigkeit und ihrer individuellen Abwägung gegen seine Bedürfnisse (hier: Gewinnerwartung) für ein Geschäft zu entscheiden. Die Verantwortung hierfür ist Teil seiner freien Lebensgestaltung, ein faktisches Abschlussverbot für seine Vertragspartner ein Eingriff auch in seine Privatautonomie und somit für ihn die Einführung einer Art wirtschaftlicher Unmündigkeit[41].

Dieser Gedanke wird auch durch LG Nürnberg-Fürth[42] aufgegriffen. Danach bedeutet Privatautonomie nicht nur Selbstbestimmung, sondern auch Selbstverantwortung. Grundsätzlich habe ein Schuldner selbst zu prüfen und zu entscheiden, wo die Grenzen seiner Leistungsfähigkeit liegen. Dies gelte insbesondere dann, wenn die Finanzierung zum Erwerb einer Eigentumswohnung diene, die als steuersparendes Anlageobjekt erworben werde. Ähnlich urteilt das LG Frankfurt[43], nach dem die Freiheit der Vertragsgestaltung als Teil der Privatautonomie umfasst für jeden voll Geschäftsfähigen auch die Rechtsmacht umfasse, sich zu Leistungen zu verpflichten, die er nur unter besonders günstigen Bedingungen, gegebenenfalls unter dauernder Inanspruchnahme des

---

[41] So auch *Westermann*, ZHR 153, 123, 139 zur Sittenwidrigkeit. Unter Hinweis auf die Vertragsfreiheit als Teil der Privatautonomie wird bei finanzieller Überforderung des Darlehensnehmers grundsätzlich auch die Annahme der Sittenwidrigkeit gem. § 138 Abs. 1 BGB abgelehnt. Die Vertragsfreiheit lasse es zu, auch risikoreiche Geschäfte abzuschließen und sich zu Leistungen zu verpflichten, die nur unter besonders günstigen Bedingungen erbracht werden könnten, vgl. BGH, NJW 1989, 1276. Entsprechend OLG Hamm, WM 1988, 1226: Keine Sittenwidrigkeit eines Darlehensvertrages, weil die vereinbarten Raten den gem. § 850 c ZPO pfändbaren Betrag übersteigen; a. A.: LG Lübeck, WM 1987, 955 unter Hinweis auf die in Art. 1 Abs. 1, 20 und 28 GG niedergelegten Schutz- und Fürsorgepflichten des Staates – Die Auffassung *Brandners* (vgl. Fn. 39) ist insofern widersprüchlich, als *Brandner* selbst einräumt, dass keine Verpflichtung der Bank gegenüber dem Kreditnehmer besteht, dessen Vermögensverhältnisse zu erforschen.

[42] WM 2000, 2153, 2154.

[43] WM 2001, 257, 260.

gungen, gegebenenfalls unter dauernder Inanspruchnahme des pfändungsfreien Einkommens erbringen könne.

Anders ist die Situation zu beurteilen, wenn der Darlehensnehmer das Kreditinstitut um eine **Finanzierungsberatung** ersucht. Damit dokumentiert der Kunde, dass er selbst nicht in der Lage ist, seine wirtschaftliche Situation zutreffend zu beurteilen. Lässt sich die Bank auf diesen Wunsch des Kunden ein, nimmt sie eine über die reine Finanzierung hinaus gehende **Funktion** ein. Wegen der damit verbundenen berechtigten Erwartungshaltung des Darlehensnehmers[44] schuldet die Bank eine sich an die Darstellung der maßgeblichen Tatsachen anschließende Empfehlung. Dementsprechend geht das OLG Stuttgart[45] zutreffend davon aus, dass bei Durchführung einer Finanzierungsberatung die Bank den Kunden vollständig und richtig beraten muss und nur zu einer solchen Finanzierung raten darf, die der Kunde unter Berücksichtigung seiner Einkommensverhältnisse auch tragen kann.

Thorn[46] stellt in diesem Zusammenhang fest, die Möglichkeit der Aufbringung der erforderlichen Mittel zur Bedienung des Darlehens sei eine Frage der Finanzierungsgestaltung. Es bestünde Einigkeit darüber, dass grundsätzlich eine Beratung über die für den Darlehensnehmer vorteilhafte Finanzierungsgestaltung zu erfolgen habe. Dabei habe sich die Bank an der Kundengerechtigkeit ihres Kredits ähnlich der Anlegergerechtigkeit im Rahmen der Anlageberatung zu orientieren.

Diese Auffassung verkennt, dass die Bank bei der Vergabe eines Kredits eigene Interessen in den Vordergrund stellen darf, was auch dem Darlehensnehmer bewusst ist[47]. Zum anderen besteht die Verpflichtung zu einer Beratung nur, wenn zwischen Bank und Darlehensnehmer ein Beratungsvertrag geschlossen wird.

Voraussetzung für die Annahme eines Beratungsvertrages ist, dass der Kunde ein Angebot zum Abschluss eines Beratungsvertrages abgibt, indem er einen Beratungsbedarf zur Sprache bringt. Dies bedeutet für die überwiegende Zahl der Fälle der Finanzierung eines Fondanteils, dass ein Beratungsvertrag nicht zustande kommt, weil es keinen unmittelba-

---

[44] Zu dem Zusammenhang zwischen der Funktion des Vertragspartners und dem daraus resultierenden Vertrauen, vgl. II. 1. b) .
[45] WM 2000, 1190; ebenso OLG Karlsruhe, WM 1995, 747; OLG Celle, WM 1993, 2082 und LG Stuttgart, WM 1999, 1822..
[46] A. a. O., S. 177 f. .
[47] Vgl. die Ausführungen unter II. 2. c) .

ren Kontakt zwischen Bank und Darlehensnehmer gibt. Letzteres hat seinen Grund darin, dass die Zeichner regelmäßig gerade mit dem Argument geworben werden, sie bräuchten sich um nichts zu kümmern. Sowohl die mit der Errichtung und der Verwaltung der Immobilie einschließlich der vertraglichen Gestaltung als auch die mit der Finanzierung zusammenhängenden Aufgaben würden durch den Vermittler bzw. durch einen vom Vermittler verschiedenen, durch den Darlehensnehmer zu beauftragenden Treuhänder/Bevollmächtigten übernommen. In fast allen Fällen gehen die Darlehensnehmer auf diesen Vorschlag ein.

Konkret bedeutet dies für den Abschluss des Darlehensvertrages, dass der Bank über den Vermittler eine Darlehensanfrage des Darlehensnehmers einschließlich einer Selbstauskunft zugeleitet wird, woraufhin entweder die Bank dem Darlehensnehmer einen von ihr bereits ausgefüllten Vertrag - u. U. über den Vermittler - zur Unterschrift zukommen lässt oder der Bevollmächtigte des Darlehensnehmers namens des Darlehensnehmers den Darlehensvertrag unterschreibt.

Es erscheint folglich zweifelhaft, wenn *Thorn*[48] in diesem Kontext unter Berufung auf ein Urteil des OLG Nürnberg davon spricht, dass sich durch einen völligen Rückzug der Bank aus Anbahnung und Realisierung des Finanzierungsgeschäfts Haftungsrisiken nicht minimieren ließen. Denn es ist der Darlehensnehmer, der – nach Beratung durch den Vermittler – die Art und Weise der Finanzierung und damit auch über die Frage bestimmt, ob ein Beratungsvertrag mit der Bank zustande kommt. Durch die Entscheidung, dem Vermittler den persönlichen Kontakt mit der Bank zu überlassen, dokumentiert der Darlehensnehmer gegenüber der Bank, dass er sich bezüglich des Gesamtkonzepts, zu dem auch die Art der Finanzierung gehört, nicht dem Kreditinstitut, sondern dem Initiator bzw. dem Vermittler anvertraut. Von einem Rückzug der Bank kann also keine Rede sein.

2. Kreditart

Bei der Finanzierung des Erwerbs von Anteilen an Immobilienfonds wird häufig die Kombination von Festkredit und Kapitallebensversicherung gewählt. Die Zeichner werfen der Bank regelmäßig vor, sie habe es versäumt, über die Nachteiligkeit der Kombination aufzuklären. Im einzelnen wird seitens der Zeichner darauf hingewiesen, dass die Koppelung von Festkredit und Kapitallebensversicherung eine langfristige Bindung des

---

[48] A. a. O., S. 178 f. . Zu dem durch *Thorn* erwähnten Urteil des BGH v. 24.06.1996, AZ: XI ZR 318/95, abgedruckt in WM 1996, 2105 (sog. Bausparkassenfall), vgl. III. .

Kreditnehmers bewirke; da die Tilgung des Kredits erst am Ende der vereinbarten Laufzeit erfolge, müsse er das Darlehen während des gesamten Zeitraums in voller Höhe verzinsen; bei vorzeitiger Kreditkündigung in den ersten Jahren nach Vertragsabschluss büße er, wenn die Kapitallebensversicherung liquidiert werde, infolge des für ihn ungünstigen Rückkaufswertes einen erheblichen Teil seines angesparten Vermögens ein; das könne ihn faktisch daran hindern, bei fallendem Zinsniveau von seinem Kündigungsrecht nach § 609 a BGB a. F. Gebrauch zu machen.

Informationspflichten dienen der Erweiterung der Informationsbasis. Zwar braucht eine Bank dem Kunden nicht von sich aus die günstigste Kreditart anzubieten, weil eine Pflicht zur vorrangigen Wahrung des Kundeninteresses für Darlehensverträge nicht besteht, und weil es grundsätzlich Sache des Darlehensnehmers ist, zu entscheiden, welche der in Betracht kommenden Gestaltungsformen seinen wirtschaftlichen Verhältnissen am besten entspricht[49]. Dies setzt jedoch voraus, dass der Darlehensnehmer über die Auswirkungen der verschiedenen vertraglichen Gestaltungsformen informiert ist[50]; denn nur dann ist er in der Lage, die verschiedenen Finanzierungsangebote zu vergleichen und unter den möglichen Finanzierungsarten die seinen wirtschaftlichen Verhältnissen am besten entsprechende zu wählen.

Mit dieser Feststellung ist aber noch nicht entschieden, ob der darlehensgewährenden Bank die Pflicht aufzuerlegen ist, den Darlehensnehmer entsprechend aufzuklären. Eine Aufklärungspflicht der Bank ist nämlich nur anzunehmen, wenn der Darlehensnehmer nach Treu und Glauben redlicherweise mit einer Aufklärung rechnen darf, § 242 BGB[51]. Der Grundsatz von Treu und Glauben verpflichtet zur billigen Rücksichtnahme auf die schutzwürdigen Interessen des anderen Teils und zu einem redlichen und loyalen Verhalten. Was die Redlichkeit und die Loyalität der Bank betrifft, kommt es nun entscheidend darauf an, ob diese davon ausgehen darf, dass der Darlehensnehmer die Auswirkungen einer speziellen Finanzierungsart durchschaut. Muss sie damit rechnen, dass die mit dieser besonderen Finanzierungsart verbundenen Nachteile für den Kunden nicht zu durchschauen sind, hat sie diesen darüber aufzuklären. Umgekehrt besteht eine Aufklärungspflicht nicht, wenn die Bank weiß,

---

[49] BGH, WM 1989, 665, 666.
[50] Ein Teil der Angaben, die hier unter „Auswirkungen" verstanden werden, sind seit 01.01.1991 nach § 4 Abs. 1 VerbrKrG, seit 01.01.2002 nach § 492 Abs. 1 BGB zwingend.
[51] Vgl. A. II. 3. .

dass es sich bei dem Darlehensnehmer um einen in geschäftlichen und rechtlichen Angelegenheiten erfahrenen Kunden handelt.

Ein Kreditinstitut muss wohl davon ausgehen, dass ein durchschnittlich gebildeter und erfahrener Kunde grundsätzlich nicht in der Lage ist, die Konsequenzen der Kombination von Festkredit und Kapitallebensversicherung zu durchschauen. Daher ist es nach den Grundsätzen von Treu und Glauben gerechtfertigt, der Bank, wenn sie die Kombination von Festkredit und Kapitallebensversicherung vorschlägt, die Pflicht zur Information darüber aufzuerlegen, in welchen wesentlichen Punkten sich der mit einer Kapitallebensversicherung verbundene Kredit vom üblichen Ratenkredit unterscheidet, welche spezifischen Vor- und Nachteile sich aus einer derartigen Vertragskombination für ihn ergeben können und was ihn der Kredit unter Berücksichtigung aller Vor- und Nachteile der Lebensversicherung voraussichtlich kosten wird[52].

In den hier zu untersuchenden Fällen ist die Situation jedoch eine andere. Der Vorschlag einer bestimmten Art der Finanzierung stammt hier nicht von der Bank, sondern von dem Darlehensnehmer selbst. Er ist in dieser Konstellation **weniger schutzwürdig**. Die Bank darf davon ausgehen, dass der Darlehensnehmer sich mit den Auswirkungen dieser besonderen Finanzierungsart befasst und daraufhin diese gewählt hat, weil der mit dem Vertragsabschluss verfolgte wirtschaftliche Zweck mit der Aufnahme eines marktüblichen Ratenkredites nicht erreicht werden kann. Nur so ist es – aus Sicht der Bank – zu erklären, dass der Darlehensnehmer diesen speziellen Vorschlag unterbreitet.

Entgegen der Auffassung von *Münstermann*[53] ist dieses Ergebnis mit dem zitierten Urteil des BGH[54] zu vereinbaren. Auch für den BGH ist es entscheidungserheblich, ob (aus Sicht der Bank) der Darlehensnehmer ein Interesse am Abschluss eines Versicherungsvertrages hat. Der BGH begründet die Annahme einer Aufklärungspflicht ausdrücklich damit, dass die Undurchschaubarkeit der Belastung für den Kreditbewerber besonders schwer wiege, wenn dem Darlehensnehmer lediglich an der

---

[52] BGH, WM 1989, 665, 666; vgl. auch BGH, WM 1990, 918; ebenso bejahte der BGH eine Aufklärungspflicht der Bank über die für einen unerfahrenen Kunden nicht zu durchschauenden speziellen Nachteile und Risiken der konkreten Kreditart in einem Fall, in dem die Bank einem Verbraucher unter der Bezeichnung "Idealkredit" einen Kontokorrentkredit mit variablem Zinssatz und festen Rückzahlungsraten angeboten hatte, BGH, WM 1991, 179.
[53] WuB I G 5. – 8.89.
[54] Vgl. Fn. 52.

Kreditgewährung als solcher und nicht auch am Abschluss eines Kapitalversicherungsvertrages gelegen sei[55]. Mit dem anschließenden Hinweis, dass dies „bei der Aufnahme von Konsumentenkrediten die Regel sein dürfte"[56], wollte der BGH zum Ausdruck bringen, dass bei Konsumentenkrediten regelmäßig ein Interesse am Abschluss eines Kapitallebensversicherungsvertrages nicht gegeben ist. Zu Unrecht interpretiert *Münstermann* diese Aussage des BGH dahin, dass der BGH die Undurchschaubarkeit bei der Aufnahme von Konsumentenkrediten als die Regel bejahe[57].

Die hier vertretene Auffassung stimmt mit der Rechtsprechung weitgehend überein, ohne dass diese jedoch eine Begründung dafür liefert, warum es entscheidend darauf ankommt, von wem der Vorschlag hinsichtlich der Finanzierungsart stammt[58]. Soweit die Rechtsprechung die gegenteilige Position einnimmt[59], wird verkannt, dass es nicht darauf ankommt, wie hoch der Preis ist, den der Darlehensnehmer für das Darlehen zahlt. Entscheidend ist vielmehr, ob die Bank davon ausgehen darf, dass der Darlehensnehmer die (preiserhöhenden) Auswirkungen der speziellen Finanzierungsart überblickt.

Weiter ist zu berücksichtigen, dass die Bestimmung der Art der Finanzierung - und dies weiß auch die finanzierende Bank - Teil des gesamten, durch den Initiator erarbeiteten Konzepts des Erwerbs von Fondsanteilen ist. Dabei wird z. B. häufig unter **steuerlichen Aspekten eine erhöhte**

---

[55] BGH, WM 1989, 665, 666.
[56] BGH, a. a. O. .
[57] *Münstermann*, a. a. O. .
[58] OLG Köln, WM 2000, 2139, 2142 (Fn. 34): „Insbesondere die... abgeschlossene Lebensversicherung hat die Beklagte nicht verlangt". OLG Stuttgart, WM 2000, 2146, 2149: Das Gericht lehnt eine Aufklärungspflicht unter Hinweis darauf ab, dass es dem Kläger nicht gelungen sei, darzulegen, dass die Bank es gewesen sei, die die Initiative ergriffen habe und ihm als geschäftsunerfahrenen Kreditinteressenten eine besonders ungünstige Finanzierungsmethode angeboten habe. Ebenso OLG Stuttgart, WM 2000, 292, 298, wo eine Aufklärungspflicht der finanzierenden Bank abgelehnt wurde, da die Kreditanfrage den ausdrücklichen Hinweis enthalten habe, die Darlehensnehmer wünschten bei der Endfinanzierung eine Tilgung durch Lebensversicherung.
[59] LG Augsburg, Urt. v. 12.03.99, AZ: 6 O 1986/98, n. v.: „Für die Klägerin war...erkennbar, dass die Beklagten die Fondsbeteiligung ausgesprochen teuer und unrentabel finanzierten" (S. 10 f. des Urt.). Ebenso LG Hamburg, Urt. v. 02.09.1997, AZ: 322 O 138/97, n. v.: „Derartige Verluste, die in maßgeblicher Weise aufgrund nicht vereinbarter kontinuierlicher Tilgungsleistungen und eines hohen Zinssatzes entstehen, können durch Steuervorteile nicht annähernd ausgeglichen werden" (S. 17 des Urt.).

Zinsbelastung angestrebt. Da die Bank an der Erstellung des Gesamtkonzepts nicht beteiligt ist, verfügt sie nicht über die zur Beantwortung der Frage der Nachteiligkeit der gewählten Kreditart erforderlichen Informationen. Danach scheitert die Annahme einer Aufklärungspflicht bezüglich der Nachteile der gewählten Kreditart auch daran, dass seitens der Bank die **Möglichkeit der Information** des Darlehensnehmers nicht gegeben ist. Zudem stellt sich die Situation aus Sicht der Bank so dar, dass der Darlehensnehmer durch den Initiator umfassend über das Konzept des Fonds und damit auch über die zu wählende Art der Finanzierung und deren Auswirkungen sachkundig aufgeklärt wurde, bevor es zum Abschluss des Darlehensvertrages kommt[60]. Auch dies spricht dafür, dem Darlehensnehmer eine geringere Schutzwürdigkeit zuzuerkennen.

Im Übrigen ist mit einer Berufung auf die Nachteiligkeit der gewählten Kreditart auch das Ziel, von der Darlehensverbindlichkeit freigestellt zu werden, nicht zu erreichen. Weil bei bestehendem Schadensersatzanspruch der Darlehensnehmer nach § 249 Satz 1 BGB so zu stellen ist, wie er ohne die Pflichtverletzung stünde, hätte der Darlehensnehmer ohnehin nur einen Anspruch auf die Differenz zwischen dem für den Darlehensnehmer ungünstigen Kredit und einem üblichen Ratenkredit zu den Konditionen, zu denen die finanzierende Bank zum Zeitpunkt des Vertragsabschlusses üblicherweise derartige Kredite gewährte. Zusätzlich müsste der Darlehensnehmer sich die steuerlichen Vorteile anrechnen lassen, die die erhöhte Zinsbelastung zur Folge hat.

3. Einzelfälle

Soweit seitens der Darlehensnehmer die Pflichtverletzung des Kreditinstitutes darin gesehen wird, dass nicht über die **Bedeutung und den wirtschaftlichen Sinn eines vereinbarten Disagios** aufgeklärt wurde, kann dem nicht gefolgt werden. Es ist nicht ersichtlich, inwiefern die Vereinbarung eines Disagios nachteilig sein soll[61]. Ebenso wenig ist eine Bank verpflichtet, den Darlehensnehmer auf das **Risiko einer Erhöhung des Nominalzinses nach Ablauf der Zinsfestschreibung** ausdrücklich hinzuweisen und zu belehren. Dieses Risiko ist für jeden am Wirtschaftsleben in durchschnittlichem Umfang Beteiligten offensichtlich und bedarf keiner besonderen Hervorhebung[62]. Bezüglich **allgemeiner Marktver-**

---

[60] Zu diesem Aspekt, vgl. OLG Koblenz, WM 2000, 2006.
[61] So zu Recht auch OLG Köln, WM 2000, 2139, 2142.
[62] OLG Stuttgart, ZIP 2001, 692, 695, Revision BGH XI ZR 61/01, Bestätigung der Vorinstanz LG Ulm, WM 2000, 825; OLG Hamm, BB 1992, 2177.

hältnisse muss nicht aufgeklärt werden. Dass Darlehenszinsen am Markt ständigen Schwankungen unterliegen, ist allgemein bekannt und bedarf daher nicht zusätzlicher Erörterungen. Insofern fehlt es an einem Informationsbedarf. Es handelt sich um eine wirtschaftliche Entscheidung des Kunden, die dieser allein zu verantworten hat[63].

II. Aufklärungspflicht bezüglich der Verwendung der Darlehensmittel

1. Grundsatz

Häufig werden nicht die aus der Fondsbeteiligung prognostizierten Einnahmen erzielt, weil es z. B. nicht gelingt, Mieter für die Immobilie zu finden. Für diesen Fall werden dem Zeichner Zahlungen aus einer Mietgarantie versprochen. Wegen der häufig anzutreffenden wirtschaftlichen Verflechtung des Initiators mit dem Mietgaranten führen aber die Zahlungsschwierigkeiten des Initiators nicht selten auch zur Zahlungsunfähigkeit des Mietgaranten, so dass aus der Garantie dem Zeichner keine Mittel zufließen.

Ein Teil der Zeichner verfügt nur in begrenztem Umfang über eigene Mittel zur Rückführung des Darlehens, das dem Erwerb des Fondsanteils diente. Bleiben nun die erwarteten Einnahmen aus, sind die betreffenden Zeichner nicht mehr in der Lage, die vereinbarten Darlehensraten zu zahlen. Dem Zahlungsanspruch der finanzierenden Bank halten diese Zeichner entgegen, die Bank sei unter dem Gesichtspunkt des Schadensersatzes zur Freistellung von der Darlehensverbindlichkeit sowie zur Rückzahlung der bereits geleisteten Raten verpflichtet, da sie es versäumt habe, über solche mit dem Erwerb des Fondsanteils verbundenen allgemeinen Risiken aufzuklären. In diesem Zusammenhang wird der Bank i. d. R. auch zur Last gelegt, nicht darüber informiert zu haben, dass wegen des geringen (eigenen) Einkommens des Darlehensnehmers zumindest der die steuerliche Seite betreffende Teil des Anlagekonzepts von vornherein zum Scheitern verurteilt gewesen sei.

Eine Aufklärungspflicht hinsichtlich derartiger Risiken betreffend den Verwendungszweck des Darlehens besteht, wenn der Darlehensnehmer nach Treu und Glauben redlicherweise von der finanzierenden Bank Aufklärung erwarten darf.

---

[63] So im Ergebnis auch *Münscher*, in WuB I G 5. – 10.00.

Es wurde bereits dargestellt, dass Pflichten zur Erteilung von Informationen über entscheidungserhebliche Umstände der Erweiterung der Informationsbasis im Hinblick auf eine konkret zu treffende Entscheidung dienen. Zwar können aus Sicht des Adressaten der Information, hier also aus Sicht des Darlehensnehmers, sehr viele Kriterien entscheidungserheblich, mithin wesentlich für die zu treffende Entscheidung sein. Im Rahmen der Abwägung der Interessen der Parteien des Darlehensvertrages ist aber zu Gunsten der Bank zu berücksichtigen, dass diese nicht über alle aus Sicht des Darlehensnehmers entscheidungserheblichen Umstände aufklärungspflichtig sein kann. Zur notwendigen Begrenzung der Aufklärungspflichten hat man sich vielmehr zunächst am **Zweck des intendierten Vertrages** zu orientieren.

Als Beispiel für eine Aufklärungspflicht in diesem Sinne sei die Entscheidung des BGH[64] angeführt, in der das Gericht eine Aufklärungspflicht eines Versicherers bejahte, der mit einem türkischen Versicherungsnehmer einen Vertrag über eine Kfz-Versicherung abschloss, nach dem kein Versicherungsschutz für das Gebiet der Türkei bestand, obwohl der Versicherer wusste, dass der Versicherungsnehmer gerade darauf Wert legte. Nachdem sich in der Türkei ein Verkehrsunfall ereignet hatte, war nach Auffassung des BGH der Versicherungsnehmer so zu stellen, als sei ein Versicherungsvertrag zu den Bedingungen zustande gekommen, die der Versicherungsnehmer irrtümlich als vereinbart erachtete[65].

Die Risiken, die nicht in unmittelbarem Zusammenhang mit dem Vertragszweck stehen, hat der Darlehensnehmer grundsätzlich selbst zu tragen. Wünscht der Begünstigte über den Vertragszweck hinaus gehende Auskünfte und Erklärungen, liegt es an ihm, dies dem Verpflichteten mitzuteilen. Entsprechend hat der BGH[66] zu einem Unternehmenskauf entschieden, dass eine Pflicht zur Mitteilung der bis zum Zeitpunkt des Verkaufs erzielten Umsätze unter dem Gesichtspunkt des Vertrauensschutzes bei Vertragsverhandlungen im allgemeinen nicht bestehe, sondern erst dann, wenn der Käufer seinen Kaufentschluss, für den Verkäufer erkennbar, von einer bestimmten Höhe dieser Umsätze abhängig mache. Das Gleiche gelte für die Verwendung gekaufter Ware.

---

[64] BGHZ 40, 22 ff. .

[65] Der BGH, a. a. O., nahm allerdings ein Mitverschulden des Versicherungsnehmers nach § 254 BGB an, weil dieser es versäumt hatte, sich über die Bedingungen zu vergewissern.

[66] BGH, NJW 1970, 655 ff. .

Die Beantwortung der Frage, ob eine Bank verpflichtet ist, ihren Darlehensnehmer über die mit einer Fondsbeteiligung verbundenen Risiken aufzuklären, ist somit abhängig von der Bestimmung des **Zwecks eines Darlehensvertrages**. Mit dem Begriff des Vertragszwecks ist derjenige der **Funktion der Bank** eng verbunden. Im Folgenden soll die Frage nach der Pflicht einer Bank zur Aufklärung über den Verwendungszweck des Darlehens betreffende Risiken anhand dieser beiden Kriterien untersucht werden.

a) *Vertragszweck*

Beim reinen Kreditgeschäft besteht der Vertragszweck - im Gegensatz zum Anlagegeschäft – lediglich darin, dass dem Kunden für eine bestimmte Zeit Kaufkraft verschafft wird. Für diese Zeit muss der Darlehensnehmer eine Vergütung entrichten; nach Ablauf dieser Zeit muss er die Mittel zurückzahlen. Die für den Kunden wichtige Vergleichbarkeit mit den Angeboten anderer Kreditgeber wird über die Regelungen des § 492 Abs. 1 Satz 5 BGB erreicht[67]. Weil aber die Erreichung des soeben beschriebenen Vertragszwecks nicht von der Frage abhängt, ob die Investition den erwarteten Erfolg bringt, ist eine Aufklärungspflicht bezüglich der Verwendung der Darlehensvaluta grundsätzlich nicht gegeben[68].

Vor diesem Hintergrund ist der Darstellung von *Immenga* nicht zuzustimmen. Zwar vertritt auch er die Auffassung, die kreditgebende Bank sei grundsätzlich nicht verpflichtet, den Darlehensnehmer über typische Risiken der von ihm beabsichtigten Verwendung des Darlehens aufzuklären[69]. Allerdings plädiert er für eine vorsichtige Ausdehnung der Verantwortlichkeit der Banken, und zwar für den Erfolg des finanzierten Geschäfts, soweit es sich **nicht um typische Risiken** handelt. Dieses Ergebnis wird dadurch erzielt, dass bei der Begründung der Aufklärungspflichten der Bank nicht ausschließlich auf den konkreten Vertragszweck Bezug genommen wird. Danach hat die Aufklärungspflicht eines Kreditinstitutes einen **leistungssichernden Charakter**. Das Kreditinstitut sei gehalten, alles zu unternehmen, um „den Eintritt des Leistungserfolges und die Erreichung des Vertragszwecks nicht zu gefährden oder zu be-

---

[67] Vgl. *Früh*, WM 1998, 2176, 2178.
[68] So im Ergebnis auch *v. Heymann*, WuB I E 1. – 24.85, wonach sich die Berechtigung der Bank zur Rückforderung des Darlehens auch bei Nichteintritt des mit dem Darlehen bezweckten wirtschaftlichen Erfolges auch aus dem Grundsatz ergebe, dass sich die Bank generell nicht an steuersparenden Kapitalanlagen beteilige, sondern diese nur finanziere.
[69] ZHR 151, 148, 151.

einträchtigen". Auch unterscheidet *Immenga* nicht eindeutig zwischen dem Zweck des (Darlehens-)Vertrages und dem Verwendungszweck, wenn er ausführt, dass die Bank, die bei den hier zu erörternden Sachverhalten immer den Zweck des Darlehens kenne, darauf hinwirken müsse, dass dieser Zweck nicht vereitelt werde[70].

Hinterfragenswert, weil mit der Situation der Finanzierung von Anteilen an Immobilienfonds nicht vergleichbar, ist auch das von *Immenga* aus der Rechtsprechung zur Begründung seiner Ansicht zitierte Beispiel, wonach eine Entwertung des Leistungsgegenstands anerkannt sei, wenn der Verkäufer den Käufer nicht über den sachgemäßen Gebrauch des erworbenen Gegenstands aufklärt[71]. Entsprechend sei von einer Aufklärungspflicht auszugehen, wenn der Bank Umstände bekannt wären, die den Kredit als Leistungsgegenstand entwerten würden[72]. Dabei verkennt *Immenga*, dass bezüglich des in den vorliegenden Fällen erworbenen Gegenstands „Kaufkraft" ein „bestimmungsgemäßer Gebrauch" nicht existiert, so dass von einer Entwertung des Leistungsgegenstands nicht gesprochen werden kann. Vielmehr unterliegt es der Dispositionsfreiheit des Darlehensnehmers, über die Verwendung der Darlehensvaluta zu entscheiden.

Wenn auch der Beurteilung einzelner Fälle[73] durch *Immenga* im Ergebnis zugestimmt werden kann, lässt die von ihm gegebene Begründung Zweifel bestehen. An dem Grundsatz, dass die Bank nur über solche Risiken aufzuklären hat, die in unmittelbarem Zusammenhang mit dem exakt zu bestimmenden Zweck des Darlehensvertrages stehen, ist festzuhalten. Erhebt man die Forderung, die Bank habe für den Leistungserfolg[74] einzustehen, ist der Weg geebnet, der Bank regelmäßig das Risiko für die Verwendung der Darlehensmittel zuzuordnen.

Für eine solche Konsequenz besteht indes keine sachliche Rechtfertigung. Die einzige Möglichkeit, eine Inanspruchnahme abzuwenden, be-

---

[70] ZHR 151, 148, 153.

[71] *Immenga*, a. a. O., unter Hinweis auf BGH, NJW 1983, 2697, 2698.

[72] A. a. O. .

[73] Eine Aufklärungspflicht wird z. B. angenommen, wenn die Fondsgesellschaft überzeichnet ist, was zu einer Wertminderung des Anteils führt. Zur nach hier vertretener Auffassung zutreffenden Begründung einer ausnahmsweise gegebenen Aufklärungspflicht hinsichtlich von Risiken, die nicht in unmittelbarem Zusammenhang mit dem Vertragszweck stehen, vgl. 2. .

[74] Ebenso unzutreffend *Thorn*, S. 172, und *Schwintowski/Schäfer*, § 7, Rdnr. 101, die – unter Berufung auf *Immenga* – das Kreditinstitut als verpflichtet ansehen, alles zu unternehmen, um den Leistungserfolg nicht zu beeinträchtigen.

stünde für die Bank darin, nachzuweisen, dass es sich bei dem realisierten Risiko um ein in Anbetracht der Verwendung der Darlehensmittel typisches Risiko handelte. Wegen des weiten Beurteilungsspielraums, den der Begriff des „typischen Risikos" dem Betrachter lässt, könnte von der Möglichkeit einer verlässlichen Bestimmung der Aufklärungspflichten nicht mehr die Rede sein.

b) *Funktion der Bank*

In welchem Umfang der Aufklärungsberechtigte redlicherweise Aufklärung erwarten darf, hängt wesentlich von der Funktion des Aufklärungspflichtigen ab.

Das Tatbestandsmerkmal „Treu und Glauben" des § 242 BGB umfasst auch den Gedanken des Vertrauensschutzes. Konkret wird unter „Glauben" das Vertrauen auf eine redliche Haltung des Vertragspartners verstanden. Soweit der eine Teil eine Funktion übernimmt, und der andere Teil im Vertrauen darauf auf eigene Bemühungen und als einen Teil davon auf Informationsbeschaffung verzichtet, entsteht ein Schutzbedarf. Bereitstellung von Informationen ist dann nur der Schutzaufwand, der den Pflichtigen auf Grund der Ausgestaltung seines Funktionskreises trifft und auf den der andere Teil vertrauen darf[75].

Danach treffen das lediglich finanzierende Kreditinstitut keine Aufklärungspflichten. Denn für den Darlehensnehmer ist klar ersichtlich, dass die finanzierende Bank unabhängig von den anderen an der Konzeptionierung des Projekts Beteiligten ist und dass die Funktion der Bank auf die Überlassung von Kapital beschränkt ist. Zur Funktion eines Darlehensgebers gehört es aber gerade nicht de lege artis, den Darlehensnehmer über die Verwendung der Darlehensvaluta aufzuklären. Ansonsten müsste man nämlich den Kreditinstituten auch die Pflicht auferlegen, sich vor jeder Inanspruchnahme von Kredit bei dem Kunden nach dem Verwendungszweck des Darlehens zu erkundigen. Dies wird jedoch nicht ernstlich gefordert.

Daher ist den Ausführungen von *Rümker*[76] zuzustimmen, wonach sich die Verhaltenspflichten der Bank gegenüber dem Bauherrn/Anleger/Kreditnehmer nach ihrem Rollenverhalten oder Funktion als Finanzierungspartner des Anlegers/Kreditnehmers innerhalb eines komplexen Netzwerkes diverser anderer vertraglicher Absprachen der

---

[75] *Breidenbach*, S. 73 m. w. Nachw. .
[76] ZHR 151, 162, 165.

für Konzeptionierung, Begutachtung und Vertrieb der Immobilienanlage verantwortlichen Personen mit dem Anleger bestimmen. Unter dem Gesichtspunkt rollenbedingter Verantwortlichkeit – so *Rümker* - ist es dann nur konsequent, eine Verantwortlichkeit des Finanzierungsinstituts für Konzeption und Vertrieb des Modells einschließlich evtl. Aufklärungspflichten über projekttypische Mängel zu verneinen.

Dieses Ergebnis ist auch unter bankwirtschaftlichen Aspekten sachgerecht: Die Finanzierungsbank hat mit dem Projekt als solchem unternehmerisch nichts zu tun. Die unternehmerische Konzeption des gesamten Modells wird von der Bank, soweit sie die Endfinanzierung für die Zeichner vornimmt, nur im Rahmen der Seriosität der Beteiligten und allgemeiner Plausibilitätsüberlegungen, insbesondere also auch zur Ermittlung des Beleihungswertes geprüft[77]. Entsprechend erhalten die Darlehensnehmer (über den Treuhänder) die alleinige Gesellschafterstellung, was zur Folge hat, dass die Darlehensnehmer die aus der Beteiligung resultierenden Gewinne und Einnahmen allein in Anspruch nehmen. Dass die Bank an den angestrebten Gewinnen nicht beteiligt sein soll, sondern lediglich die vereinbarten Darlehenszinsen erhalten soll, bedeutet umgekehrt, dass die Bank den gewährten Kredit unabhängig vom Schicksal der unternehmerischen Beteiligung zum vereinbarten Termin zurückfordern kann[78]. Dieser funktionsbezogenen Risikoverteilung würde es widersprechen, der Bank grundsätzlich die Pflicht aufzuerlegen, den Darlehensnehmer über die mit der Beteiligung verbundenen Risiken aufzuklären[79].

Auch nach ständiger Rechtsprechung des BGH kommt eine Haftung der Bank nur in Betracht, wenn diese über ihre Rolle als Finanzierungsbank hinausgegangen ist, so dass sie gleichsam als Partei des finanzierten Geschäfts erscheint[80].

Der BGH stellt heraus, dass es sich bei der konkreten Funktion um ein Kriterium im Rahmen der Vertrauenshaftung handelt. Voraussetzung für eine Haftung der Bank ist demnach, dass die Bank die Funktion anderer

---

[77] Vgl. *Rümker*, ZHR 151, 162, 166.
[78] Vgl. *Hopt*, in FS Stimpel, 265, 281. Bereits *Larenz*, DB 1952, 116, 117, vertrat die Auffassung, dass die Bank lediglich das Risiko der Zahlungsunfähigkeit des Darlehensnehmers, nicht aber das des Fehlschlagens der geplanten Unternehmung trägt.
[79] So auch *Faßbender*, S. 265.
[80] BGH, WM 1988, 561, 562; WM 1992, 901, 905.

Projektbeteiligter in einer nach außen erkennbaren Weise übernimmt[81]. Entsprechend haben das OLG Frankfurt[82] und das OLG Hamm[83] geurteilt.

Konsequent und zutreffend verneint daher der BGH[84] eine Überschreitung der Kreditgeberrolle, wenn die Bank zur eigenen Risikosicherung lediglich eine entsprechende Ausgestaltung der vertraglichen Beziehung zwischen Initiator und Erwerber durchgesetzt hatte[85].

---

[81] BGH, WM 1992, 901, 905: „Weil die Haftung aus culpa in contrahendo ihre Wertungsgrundlage im Vertrauensprinzip hat, ist eine erkennbar nach außen in Erscheinung tretende Übernahme von Funktionen des Vertreibers erforderlich. Dass die Bank Aufklärungspflichten unterworfen ist, wenn sie ihre Rolle als Kreditgeberin überschreitet, findet seine Rechtfertigung darin, dass sie einen zusätzlichen, auf die übernommene Funktion bezogenen Vertrauenstatbestand setzt. Nur wenn eine Finanzierungsbank erkennbar Funktionen übernimmt, die typischerweise vom Veräußerer oder Vertreiber wahrgenommen werden, muss sie auch den im jeweiligen Funktionsbereich geltenden Prüfungs- und Aufklärungspflichten nachkommen"; vgl. auch OLG Stuttgart, Urt. v. 16.06.2000, AZ: 9 U 8/2000, n. v., Revision BGH XI ZR 214/00, S. 12 des Urt. : „Hinweis- und Aufklärungspflichten kommen dann in Betracht, wenn die Bank hinsichtlich Planung, Durchführung und Vertrieb des zu finanzierenden Projekts nach außen, somit auch für den Kreditnehmer erkennbar, über die Rolle einer Kreditgeberin hinausgeht, so dass die rechtliche und wirtschaftliche Selbständigkeit von Kaufgeschäft und Kreditgeschäft nicht mehr gewahrt ist".

[82] WM 2000, 2135, 2137: „Unstreitig ist die Beklagte ohne jeden persönlichen Kontakt...erst spät und unter Beschränkung auf darlehenstypische Interessen und Erklärungen gegenüber der Klägerin (Darlehensnehmerin, Anm. des Verfassers) aufgetreten".

[83] WM 1999, 1056, 1057 (bestätigt durch Nichtannahmebeschluss BGH XI ZR 53/98): „Für eine Überschreitung der Rolle als Kreditgeberin wäre eine nach außen in Erscheinung tretende Übernahme von Funktionen des Vertreibers erforderlich. Solches Verhalten ist nicht belegt"; vgl. auch OLG München, Urt. v. 06.11.2000, AZ: 31 U 1647/00, n. v., Revision BGH XI ZR 26/01, S. 25 des Urt. sowie LG Heilbronn, Urt. v. 20.12.2001, AZ: 6 O 631/01, n. v., S. 8 des Urt. .

[84] BGH, WM 1992, 901, 906.

[85] Vgl. auch die Ausführungen des an der Entscheidung beteiligten Vorsitzenden Richters *Schimansky*, in BrV 3, 67, 70: „Wir haben die Auffassung vertreten, dass die Wahrung dieser Interessen durch die Bank zu ihren legitimen Aufgaben gehört und es für eine erweiterte Haftung nicht ausreicht, wenn die Zusammenarbeit mit dem Veräußerer die Grenze dessen überschreitet, was bei der Finanzierung gleichartiger Projekte sonst für eine Bank üblich ist. Über ihre Rolle als Kreditgeber geht sie erst dann hinaus, wenn sie nach außen in Erscheinung tretend Funktionen des Veräußerers übernimmt. Nur wenn beide Voraussetzungen – Übernahme von Veräußerer-Funktionen und Kundgabe der Übernahme nach außen – erfüllt sind, muss sie auch den im jeweiligen Funktionsbereich geltenden Prüfungs- und Aufklärungspflichten nachkommen".

Ebenfalls als nicht ausreichend für eine Überschreitung der Rolle als Kreditgeberin wird die Tatsache erachtet, dass die Bank die Erwerberfinanzierung mit den Steuerberatern, die auch Geschäftsführer der Initiatorin sind, lange vor Vertriebsbeginn ausgehandelt, dementsprechend alle Vertragsunterlagen und Prospekte vorab gekannt[86] und daraufhin generell Finanzierungsentscheidungen hinsichtlich sämtlicher Erwerber getroffen hat, zumal die generelle Bereiterklärung zur Finanzierung der Erwerber keine Mitwirkung bei Planung, Vertrieb oder Durchführung, sondern vielmehr eine eindeutige Beschränkung auf die Kreditgeberrolle erkennen lässt, da die Erwerberfinanzierung sich danach als reine Bonitätsentscheidung darstellt[87].

c) *Ergebnis*

Die Betrachtung anhand der Kriterien „Vertragszweck" und „Funktion" hat ergeben, dass die finanzierende Bank grundsätzlich keine Aufklärung des Darlehensnehmers über die mit der Fondsbeteiligung verbundenen Risiken schuldet.

2. Ansatzpunkt für die Annahme einer ausnahmsweise bestehenden Aufklärungspflicht hinsichtlich des Verwendungszwecks: Funktion von Aufklärungspflichten

Aufklärungspflichten dienen dem Ziel der Stärkung der Privatautonomie. Im Rechtsgeschäft soll der einzelne in Selbstbestimmung seine Rechtsverhältnisse regeln und dabei seine Interessen zur Geltung bringen können. Diese Aufgabe lässt sich sowohl vom Standpunkt des einzelnen als auch vom Standpunkt der Rechtsordnung am besten dann erfüllen, wenn die Willensbildung in voller Kenntnis der entscheidungserheblichen Tatsachen und frei von sachfremden Einflüssen unter vernünftigem Abwägen der Vor- und Nachteile erfolgen kann und wenn der so gebildete Wille unverfälscht in der Erklärung zum Ausdruck kommt und Rechtsgeltung erlangt.

---

[86] Auch nach OLG Köln, WM 2000, 2139, 2142, Revision BGH XI ZR 257/00, genügt nicht, dass die Bank die gesamten Vertragsunterlagen und Prospekte gekannt hat und darüber hinaus von Anfang an in die Planung des Projekts mit eingeschaltet war (und den zur Initiatorengruppe gehörenden Vermittlern Provisionen für die Vermittlung der Darlehensnehmer zahlte).

[87] OLG Stuttgart, WM 2000, 292, 295, Revision BGH XI ZR 40/00; LG Ulm, WM 2000, 825, 827, bestätigt durch OLG Stuttgart, ZIP 2001, 692, 694, Revision BGH XI ZR 61/01.

Konsequenz der dem einzelnen eingeräumten freien Selbstbestimmung ist die Verantwortung für die getroffene Entscheidung. Zwar wäre denkbar, die Verantwortung für die Vertragsgestaltung bereits dann auszuschließen, wenn die vorhandene Möglichkeit zur selbstbestimmten Vertragsgestaltung nicht tatsächlich wahrgenommen worden ist. Dazu könnte sich vor allem entschließen, wer die Richtigkeit im Sinne der Vertragsgerechtigkeit als vorrangigen Wert ansieht; denn die Vertragsgerechtigkeit ist nicht mehr gewährleistet, wo ein Partner die Möglichkeit zur Wahrnehmung seiner Interessen im Vertrag versäumt.

Für die rechtsgeschäftliche Folgenzurechnung genügt aber die bloße Möglichkeit zur selbstbestimmten Vertragsgestaltung. Denn es ist Sache des einzelnen, wie er seine Interessen gegenüber seinem Vertragspartner wahrnimmt. Es ist nicht Aufgabe der Rechtsordnung, durch Auferlegen von Aufklärungspflichten für die richtige Wahrnehmung der Interessen des einzelnen zu sorgen. Die Selbstbestimmung ist deshalb nicht nur im Sinne bewusster Gestaltung zu verstehen. Sie hat vielmehr zugleich die Bedeutung einer Aufgabenteilung zwischen Rechtsordnung und Individuum. In dem der Selbstbestimmung vorbehaltenen Raum entscheidet allein der einzelne. Seiner Gestaltungsfreiheit entspricht aber keine Gestaltungspflicht. Die Rechtsordnung überlässt dem einzelnen nicht nur, wie er seine Interessen wahrnimmt, sondern ob er sie überhaupt wahrnimmt[88]

Dass bereits bei vorhandener Möglichkeit zur selbstbestimmten Vertragsgestaltung der einzelne die Verantwortung für den Abschluss des Vertrages zu tragen hat, bedeutet für die hier zu beurteilenden Fälle, dass eine Aufklärungspflicht der finanzierenden Bank hinsichtlich solcher Kriterien ausscheidet, deren Bedeutung dem Darlehensnehmer bekannt war bzw. – aus Sicht eines objektiven Betrachters – bekannt sein muss, und die er entweder selbst beurteilen oder durch Sachverständige beurteilen lassen konnte. Unterlässt es der Darlehensnehmer z. B., die Fondsimmobilie auf ihre Mangelhaftigkeit zu überprüfen, und wären die Mängel der Immobilie bei einer Besichtigung der Immobilie durch den Darlehensnehmer ohne weiteres zu erkennen gewesen, hat der Darlehensnehmer die Entscheidung zum Abschluss des Darlehensvertrages zu verantworten. So wie der Darlehensnehmer nach erfolgter Besichtigung trotz erkannter Mängel die Freiheit besessen hätte, sich dennoch für den (Erwerb des Anteils bzw. der Immobilie und den) Abschluss des Finanzierungsgeschäfts zu entscheiden, steht es ihm auch frei, auf eine

[88] *Wolf*, S. 81.

Beurteilung des von ihm als wesentlich erkannten Kriteriums „Zustand der Immobilie" zu verzichten.

Auf diese Weise erklärt sich, dass eine Pflicht zur Aufklärung über Kriterien, die den Verwendungszweck des Darlehens betreffen, grundsätzlich nicht bestehen kann. Nur wenn ausnahmsweise die Möglichkeit zur selbstbestimmten Vertragsgestaltung nicht gegeben ist, darf der Darlehensnehmer redlicherweise Aufklärung von der Bank über einen den Verwendungszweck betreffenden Umstand erwarten.

Danach ist die Bank lediglich verpflichtet, hinsichtlich des Verwendungszwecks der Valuta einen Minimalstandard an Information zu gewährleisten. Neben den bereits dargestellten Aspekten „Vertragszweck" und „Funktion" spricht für eine derartige Beschränkung der Pflichten der Banken der Umstand, dass aus einem Darlehensvertrag – z. B. im Gegensatz zu einem Geschäftsbesorgungsvertrag – keine Pflichten einer Bank resultieren, die Interessen des Darlehensnehmers zu wahren[89]. Charakteristisch für Austauschverträge ist vielmehr, dass jeder der am Vertrag Beteiligten seine Interessen selbst wahrzunehmen hat. Der Darlehensnehmer muss daher mit einem eigennützigen Verhalten der Bank rechnen. Dieser Umstand hat aber wesentlichen Einfluss auf die Bestimmung dessen, was der Darlehensnehmer redlicherweise an Aufklärung erwarten darf.

Wenn der Aufklärungsberechtigte ausnahmsweise nach Treu und Glauben mit Rücksicht auf die Verkehrssitte eine Mitteilung erwarten durfte, rechtfertigt dies auch den Vorwurf des Sittenverstoßes i. S. d. **§ 826 BGB**. Denn im Rahmen der Beurteilung eines Sittenverstoßes ist eben von dem durch die vertragliche Pflichtenanspannung konkretisierten Erwartungshorizont als Maßstab auszugehen[90]. Kommt man so zu einer Bejahung des Sittenverstoßes, ist ein Anspruch aus § 826 BGB gegeben. Denn die weitere Voraussetzung für einen Anspruch aus § 826 BGB, nämlich Vorsatz hinsichtlich der sittenwidrigen Schädigung, ist regelmäßig erfüllt. Ausreichend ist in diesem Zusammenhang nämlich die Kenntnis um die Bedeutung der Information und die Tatsache, dass die Bank unter Verfolgung eigener Interessen im Bewusstsein einer möglichen Schädigung des Darlehensnehmers handelt. Dass die Bank bei Abschluss eines Darlehensvertrages eigene Interessen verfolgt, wurde soeben ausgeführt.

---

[89] Vgl. im einzelnen die Ausführungen unter c) .
[90] Vgl. *Oechsler*, in Staudinger, § 826, Rdnr. 158 ff. .

Anhand der dargestellten Grundsätze werden im folgenden die einzelnen Umstände, hinsichtlich deren den Banken Aufklärungsversäumnisse zur Last gelegt werden, untersucht.

a) *Allgemeine Risiken der Fondsbeteiligung*

Die Rechtsprechung vertritt überwiegend die Auffassung, es gebe grundsätzlich keine Verpflichtung des Kreditgebers zur Beratung, Aufklärung oder Warnung bezüglich des Verwendungszwecks des Darlehens. Dies gelte verstärkt für die Finanzierung steuerbegünstigter Immobilienkapitalanlagen im Hinblich auf die finanzielle Tragbarkeit und wirtschaftliche Sinnhaftigkeit eines solchen Vorhabens, somit insbesondere hinsichtlich Werthaltigkeit, etwaiger Wertsteigerung, erzielbarer Einnahmen und steuerlicher Auswirkungen einer solchen vom Kreditnehmer vorgesehenen Investition[91]. Regelmäßig müsse eine kreditgebende Bank in derartigen Fällen ein Schutz- oder Aufklärungsbedürfnis ihres Kreditnehmers auch nicht annehmen. Die Bank könne vielmehr davon ausgehen, dass der Kreditnehmer – wenn er selbst nicht sachkundig sein sollte – sich fachkundiger Hilfe bedient und erforderliche Informationen bereits beschafft hat[92].

Im Ergebnis ist der Rechtsprechung zuzustimmen. Bei diesen für die Entscheidung zum Abschluss des Darlehensvertrages erheblichen Kriterien handelt es sich um solche Kriterien, deren Bedeutung der Darlehensnehmer bewusst war und die er entweder selbst beurteilen oder

---

[91] Zur Aufklärungspflicht des persönlich haftenden Gesellschafters einer KG bez. der steuerlichen Auswirkungen einer Beteiligung, vgl. KG, ZIP 2000, 268.

[92] BGH, WM 1988, 561; BGH, WM 1990, 920; BGH, WM 1992, 216; BGH, WM 1992, 901; BGH, WM 1992, 1310; BGH, WM 2000, 1245, 1246; BGH, WM 2000, 1685, 1686, wo ausgeführt wird, die Bank habe davon ausgehen dürfen, dass die Darlehensnehmer über aus dem Prospekt ersichtliche Umstände informiert waren, ebenso OLG Karlsruhe, Urt. v. 29.11.2000, AZ: 1 U 144/99, n. v., Revision BGH XI ZR 30/01, S. 13 des Urt. und OLG München, ZIP 2000, 2295, 2299, Revision BGH XI ZR 369/00.
Aus der neueren Rechtsprechung des OLG Stuttgart: WM 1999, 844; OLG-Rechtsprechungsreport Karlsruhe- Stuttgart 2001, 12 (bestätigt durch Nichtannahmebeschluss des BGH XI ZR 28/00); WM 2000, 2146, 2147; WM 2000, 292, 294, Revision BGH XI ZR 40/00; Urt. v. 16.06.2000, AZ: 9 U 8/00, n. v., Revision BGH XI ZR 214/00; Urt. v. 02.08.2000, AZ: 9 U 52/00, n. v., Revision BGH XI ZR 261/00.
Aus der neueren Rechtsprechung des OLG München: WM 1999, 1416; Urt. v. 05.07.2000, AZ: 15 U 1767/00, n. v., Revision BGH XI ZR 297/00; Urt. v. 24.10.2000, AZ: 5 U 2616/00, n. v., Revision BGH XI ZR 43/01; Urt. v. 06.11.2000, AZ: 31U 4063/99 zur Frage der Sittenwidrigkeit nach § 138 BGB, n. v., Revision BGH XI ZR 03/01.

durch Sachverständige beurteilen lassen konnte. Was den Vorwurf betrifft, die Bank habe es versäumt, den Kreditnehmer darüber aufzuklären, dass steuerliche Vorteile auf Grund der Einkommenssituation des Darlehensnehmers nicht wie durch den Initiator prognostiziert zu erzielen seien, ist zudem zu Gunsten der Banken zu berücksichtigen, dass **den Banken die Steuerberatung nach dem Steuerberatungsgesetz untersagt ist**[93].

Die Begründung dieser Rechtsprechung überzeugt allerdings nicht. Die Gerichte waren offenbar der Auffassung, dass die betreffenden Informationen für den Abschluss des jeweiligen Darlehensvertrages erforderlich gewesen waren. Dann aber hätte man eine Aufklärungspflicht in den Fällen annehmen müssen, in denen die Bank wusste bzw. – wovon in den meisten Fällen ausgegangen werden konnte - hätte wissen müssen, dass der betreffende Darlehensnehmer weder fachkundig war noch sich fachkundiger Hilfe bedient hatte. Denn in diesen Fällen konnten die jeweiligen Banken eben nicht „darauf vertrauen" bzw. „davon ausgehen", dass die Darlehensnehmer sich entsprechend informiert hatten[94].

Ebenso unbefriedigend, weil wenig hilfreich im Sinne einer verlässlichen Bestimmung von Aufklärungspflichten, ist die Formulierung des BGH, eine Aufklärungspflicht der Bank bestehe nur, wenn diese einen konkreten Wissensvorsprung in Bezug auf spezielle Risiken des geplanten Objekts habe[95].

Überzeugender erscheinen die Entscheidungen, in denen eine Aufklärungspflicht mit der Begründung abgelehnt wird, dass es Sache bzw. Pflicht des Darlehensnehmers sei, bestimmte Fragen vor Abschluss des Darlehensvertrages zu klären. Dabei wird unterstellt, dass der Darlehensnehmer die Möglichkeit hatte, ihm bekannte wertbildende Faktoren zu bestimmen bzw. bestimmen zu lassen. Ist diese Möglichkeit gegeben, kommt es nicht darauf an, ob der Darlehensnehmer tatsächlich über die betreffende Information verfügte. Hinter diesen Entscheidungen steht der Gedanke, dass der Darlehensnehmer die Verantwortung für die Informationsbeschaffung zu tragen hat.

So hat das OLG München[96] entschieden, dass es grundsätzlich Sache des Erwerbers ist, sich über den Zustand einer Immobilie zu vergewis-

---

[93] KG, Urt. v. 27.03.2001, AZ: 27 U 1554/00, n. v., Revision BGH XI ZR 159/01.
[94] Vgl. unter d), die Ausführungen zur arglistigen Täuschung des Darlehensnehmers.
[95] WM 1988, 561, 563; WM 1990, 920, 922.
[96] WM 2000, 291 f. .

sern[97]. Die finanzierende Bank hat danach nur über solche Risiken aufzuklären, die für den Anleger selbst auch bei gehöriger Nachprüfung nicht erkennbar sind[98]. In diesem Urteil wird auch noch einmal ausdrücklich angesprochen, dass es für die Annahme von Aufklärungspflichten entscheidend darauf ankommt, ob der Darlehensnehmer die Möglichkeit hatte, die Kriterien, hinsichtlich deren er der Bank Aufklärungsversäumnisse zur Last legt, selbst zu beurteilen bzw. durch Sachkundige beurteilen zu lassen.

Auch hinsichtlich der Überteuerung einer Eigentumswohnung hat der BGH[99] entschieden, dass ein Wissensvorsprung der Bank darüber, dass der vom Erwerber zu zahlende Kaufpreis in keinem angemessenen Verhältnis zum Wert des zu erwerbenden Objekts[100] steht, grundsätzlich nicht ausreichend sei zur Begründung einer Aufklärungspflicht. Schließlich sei es Sache des Käufers, die Angemessenheit des Kaufpreises zu klären.

Daher kommt eine Aufklärungspflicht der Bank auch nicht in Frage, wenn der Bank der Umstand bekannt ist, dass die in einen Immobilienfonds geflossenen Gelder der Gesellschafter nur zu 75,03% für den Erwerb der Grundstücke mit den darauf errichteten Gebäuden verwendet werden und dass damit die zu erwerbenden Anteile an dem Immobilienfonds nicht so werthaltig sind, wie durch den Werbeprospekt vorgespiegelt wird[101]. Schließlich hat auch hier der Käufer die Möglichkeit, die Angemessenheit des Kaufpreises zu klären.

---

[97] Ebenso OLG München, Urt. v. 05.07.2000, AZ: 15 U 2250/00, n. v., Revision BGH XI ZR 260/00; OLG München, WM 2001, 252, 255; LG Braunschweig, WM 1997, 111; LG Stuttgart, WM 2000, 1388, 1390.

[98] Vgl. OLG Hamm, Urteile v. 25.09.2000 und 19.10.2000, AZ: 5 U 36/00 und170/00, Revision BGH XI ZR 323/00 und 348/00, jew. auf S. 11 des Urt.: Danach wird zu Recht eine Aufklärungspflicht angenommen, wenn die Bank im Besitz eines dem Kunden nicht zugänglichen Gutachtens ist, aus dem sich das Vorhandensein versteckter Mängel ergibt.

[99] BGH, ZIP 2000, 1051, 1052 f.; ebenso LG Nürnberg-Fürth, WM 2000, 2153, 2154; OLG München, WM 2000, 130, 132, wonach es Sache und normales Risiko des Darlehensnehmers ist, die Angemessenheit des Kaufpreises zu prüfen.

[100] In dem zu beurteilenden Sachverhalt überstieg der Kaufpreis den Wert des Objekts um mehr als 70 %.

[101] So in dem der Entscheidung des BGH, abgedruckt in WM 2000, 1685, zu Grunde liegenden Sachverhalt. Zur Bedeutung des Werts der Immobilie bei Erwerb von Fondsanteilen, vgl. die Vorinstanz OLG München, WM 1999, 1818, wo - insofern zutreffend - auf den Anlagereiz eines möglichen Zweiterwerbers abgestellt wird.

Schwer verständlich ist es allerdings, dass der BGH die Situation anders beurteilt, wenn die Bank „bei einem Vergleich von Kaufpreis und Wert des Objekts von einer sittenwidrigen Übervorteilung des Kunden durch den Vertragspartner ausgehen müsse“[102], wovon dann ausgegangen werden könne, wenn der Wert der Leistung knapp doppelt so hoch sei wie der Wert der Gegenleistung[103]. Es leuchtet nicht ein, dass es in diesem Fall nicht mehr Sache des Erwerbers sein soll, die Angemessenheit des Kaufpreises zu klären.

Die Rezeption der Urteile hat die dogmatischen Grundlagen von Aufklärungspflichten nicht einmal im Ansatz erörtert. *Rösler*[104] führt zwar zu Recht aus, über die Angemessenheit des Kaufpreises müsse der Darlehensnehmer sich selbst ein Bild machen. Diese Auffassung stimmt im Ergebnis mit der hier vertretenen überein. Eine Begründung wird jedoch nicht geliefert.

Bruchner[105] lehnt zwar - unter Berufung auf den BGH - zutreffend eine Aufklärungspflicht der Bank mit der Begründung ab, es sei Sache des Darlehensnehmers, sich über gewisse Umstände zu informieren. Wes-

---

[102] So auch OLG Zweibrücken, Urt. v. 13.11.2000, AZ: 7 U 120/00, n. v., Revision BGH XI ZR 354/00, S. 5 des Urt.; OLG München, Urteile v. 28.11.2000, AZ: 25 U 2313/00, n. v., Revision BGH XI ZR 67/01, S. 11 des Urt., v. 31.05.2001, AZ: 19 U 6098/00, n. v., Revision BGH XI ZR 304/01, S. 20 des Urt., v. 21.12.2000, AZ: 19 U 3133/00, n. v., Revision BGH XI ZR 106/01, S. 25 des Urt., v. 03.04.2001, AZ: 5 U 2437/00, n. v., Revision BGH XI ZR 196/01, S. 8 des Urt.; OLG Düsseldorf, Urt. v. 31.05.2001, AZ: 6 U 104/00, n. v., Revision BGH XI ZR 256/01, S. 26 des Urt.; OLG Dresden, Urt. v. 06.06.2001, AZ: 8 U 2694/00, n. v., Revision BGH XI ZR 248/01, S. 17 des Urt. .

[103] BGH, a. a. O., m. w. Nachw. (zur Sittenwidrigkeit vgl. auch BGH, NJW 2001, 1127 ff.); zusätzlich weist der BGH darauf hin, dass bei der Ermittlung des Verhältnisses auf den um die Nebenkosten (z. B. Notar- und Grundbuchkosten) reduzierten Kaufpreis abzustellen ist; der Auffassung des BGH ist in diesem Teil zwar zuzustimmen, nach der hier vertretenen Auffassung kommt es darauf aber nicht an. - Die Vorinstanz, OLG Jena, ZIP 1999, 1554, hatte wegen des Missverhältnisses gar eine Aufklärungspflicht angenommen. - Generell gegen die Möglichkeit eines Wissensvorsprungs in diesem Zusammenhang spricht sich OLG Stuttgart, Beschl. v. 18.12.1997, AZ: 9 W 60/97, n. v., aus: „Es handelt sich hierbei nicht um Wissens-, sondern um Bewertungsfragen... . Einen Wissensvorsprung konnte die Antragsgegnerin daher in diesem Punkt nicht haben“ (S. 6 des Urt.). Träfe diese Auffassung zu, wäre die Sittenwidrigkeit eines Kaufvertrages stets ausgeschlossen. Auch müsste man die Frage nach dem Sinn von Beleihungsgrenzen stellen.

[104] WuB I G 5. – 2.00; ebenso *Martens*, WuB I G 5. – 8.99, wonach es Sache des Investors ist, sich steuerlichen, rechtlichen und sonstigen fachlichen Rat einzuholen für seine Kaufentscheidung.

[105] WuB I G 5. – 14.00.

halb dies so sein soll, wird aber auch von ihm nicht erörtert. Zudem wird der Wortlaut der Entscheidung des BGH nicht exakt beachtet. Denn in der von *Bruchner* kommentierten Entscheidung hat der BGH gerade nicht ausgeführt, es sei Sache des Darlehensnehmers, sich über den Zustand der Immobilie zu informieren. Das Gericht hat seine Entscheidung vielmehr mit der Überlegung begründet, die Bank dürfe davon ausgehen, dass der Kunde sich über den Zustand der Immobilie ins Bild gesetzt habe[106]. Dann aber – dies wurde bereits ausgeführt – hätte der BGH der Frage, ob die Bank darauf wirklich vertrauen durfte, nachgehen müssen.

In seiner Anmerkung zu einer Entscheidung des OLG Stuttgart geht *Balzer* von einem Wissensvorsprung der Bank aus, wenn diese im Hinblick auf spezielle Risiken eine konkrete Kenntnis hat, die dem Darlehensnehmer nicht ohne weiteres zugänglich ist[107]. Damit wird der Aspekt in den Vordergrund gestellt, der tatsächlich entscheidend ist, und zwar die Frage, ob der Darlehensnehmer die Möglichkeit hatte, sich die entsprechende Information selbst zu besorgen. Ähnlich wie *Bruchner* beruft sich *Balzer* in seiner Anmerkung aber auf Entscheidungen des BGH, in denen eine solche Auffassung nicht vertreten wird, in denen statt dessen die Ablehnung einer Aufklärungspflicht damit begründet wird, dass „davon auszugehen ist, dass ... entweder selbst über die notwendigen Kenntnisse und Erfahrungen verfügen oder sich der Hilfe von Fachleuten bedienen“[108].

b) *Innenprovision*

Von Verbraucherseite wird gefordert, der Bank die Pflicht zur Aufklärung über die Tatsache aufzuerlegen, dass in dem **an den Fondsinitiator gezahlten Kaufpreis** eine Innenprovision enthalten ist, wenn dies aus den Prospekten nicht zu erkennen sei. Stellvertretend für diese Auffassung sind die Ausführungen von *Fuellmich/Rieger*[109], nach denen immer dort, wo die Bank ebenfalls die Bauträgerfinanzierung bereitgestellt hatte, sie auch über die sehr hohe Vertriebsprovision informiert gewesen

---

[106] BGH, WM 2000, 1245, 1246.

[107] WuB I G 5. – 18.00, Anm. zu OLG Stuttgart, WM 2000, 2146.

[108] Z. B. BGH, WM 1990, 920, 922.

[109] *Fuellmich/Rieger*, ZIP 1999, 465, 467 f.; vgl. auch *Spickhoff/Petershagen*, BB 1999, 165, 167, die eine Hinweispflicht der Bank allerdings nur annehmen, wenn die Provisionsmarge eine solche Höhe aufweist, dass sich die Wertlosigkeit der Anlage und der initiierte Betrug bei der Begutachtung der Kreditunterlagen dem Kreditinstitut aufdrängen müssen.

sei, denn diese habe sie im Rahmen der Bauträgerfinanzierung mit finanziert. Anhand der ihnen vorliegenden Verkaufsunterlagen für den Enderwerber habe sie gleichzeitig gewusst, dass diese Vertriebsprovision als sog. versteckte Innenprovision vor dem Erwerber in der Position Gebäude-, Grundstücksanteil, Vertrieb, Marketing (jedenfalls in ihrer Höhe) verheimlicht worden sei[110]. Dies sei die einzige Funktionsgebühr, welche sich aus den Prospekten nicht habe berechnen lassen. Auch die sorgfältige und eingehende Lektüre des Inhalts von Prospekten und Vertragstexten habe hier deshalb keine Klarheit verschaffen können. Dieser konkrete, der Bank erkennbare Wissensvorsprung begründe daher eine Hinweis- oder Warnpflicht gegenüber dem Kreditnehmer.

Die Ausführungen von *Fuellmich/Rieger* treffen nicht den Kern. Es wurde bereits dargestellt, dass eine Aufklärungspflicht der Bank nicht aus ihrem Wissen um die Tatsache resultiert, dass ein Teil des Kaufpreises nicht für den Erwerb des Grundstücks und die Errichtung der Immobilie verwendet werden. Dies wurde damit begründet, dass es Sache des Zeichners ist, die Angemessenheit des Kaufpreises im Verhältnis zu dem Wert des Fondsanteils zu überprüfen[111].

Nicht anders stellt sich die Situation dar, wenn ein Teil des Kaufpreises als Provision dem Vermittler des Fondsanteils zugewendet wird. Auch die Zuwendung eines Teils des Kaufpreises an den Vermittler bedeutet lediglich, dass nicht der gesamte Kaufpreis für den Erwerb des Grundstücks und die Errichtung der Immobilie verwendet werden. Dem OLG München ist daher zuzustimmen, dass es Sache und normales Risiko des Zeichners ist, zu prüfen, ob der von ihm verlangte Kaufpreis dem Wert des Objektes angemessen ist, oder ob er – z. B. weil im Kaufpreis hohe Vertriebskosten enthalten sind – nicht marktgerecht ist[112].

Zutreffend weist das OLG darauf hin, dass noch nicht einmal der Verkäufer - geschweige denn die finanzierende Bank - verpflichtet sei, über die Modalitäten der Kaufpreiskalkulation aufzuklären. Dieser Hinweis ist berechtigt. In einer Marktwirtschaft unterliegt bis zur Grenze der Sittenwidrigkeit der Preis für Waren und Dienstleistungen grundsätzlich der freien Parteivereinbarung. Dies ist essentieller Teil der durch Art. 2 Abs. 1 GG verfassungsrechtlich garantierten Vertragsfreiheit. Im übrigen unterliegen

---

[110] So auch *Fuellmich/Rieger*, ZIP 1999, 427, 433.
[111] Vgl. a) .
[112] WM 2000, 130, 132, bestätigt durch Nichtannahmebeschluss BGH XI ZR 301/99; WM 2001, 252 255.

die Preise keiner Kontrolle und sind von der Inhaltskontrolle nach dem AGB-Gesetz ausdrücklich ausgenommen[113].

Nicht gerechtfertigt ist in diesem Zusammenhang der Hinweis von *Gallandi*[114] auf die Pflicht zur Aufklärung bezüglich Innenprovisionen, die im Rahmen von Warentermingeschäften fließen. Weil bei Warenterminoptionen ohne Aufklärung über die gezahlte Innenprovision der Anleger den Wert der Option nicht beurteilen kann, ist die Situation bei dem Erwerb einer Immobilie bzw. eines Fondsanteils mit der bei Warentermingeschäften gegebenen nicht vergleichbar. Bei Warentermingeschäften erlangt der Käufer gegen Bezahlung einer Prämie das Recht, zu einem bestimmten Termin Lieferung oder Abnahme von Waren zu einem im voraus vereinbarten Preis zu verlangen. Verlangt der Vermittler der Warenterminoption von dem Kunden ein über dem Marktpreis liegendes Entgelt, verringern sich die Gewinnchancen des Kunden. Denn im Marktpreis eines Risikogeschäftes drücken sich die auf dem Markt bestehenden Gewinnerwartungen aus[115]. Der Vermittler ist daher verpflichtet, dem Kunden die im Gesamtpreis enthaltene Innenprovision, den sog. Aufschlag, mitzuteilen. Nur so kann der Kunde den Wert der Option und damit auch die Chance, Gewinn zu erzielen, realistisch einschätzen. Weil der durchschnittlich informierte Anleger diese Zusammenhänge ohne entsprechende Aufklärung nicht durchschaut, ist ohne diese Information die Möglichkeit zur selbstbestimmten Vertragsgestaltung nicht gegeben[116].

---

[113] Zu beachten ist allerdings die Gefahr des Provisionsverlusts des Vermittlers nach § 654 BGB. Danach kommt eine Verpflichtung des Vertriebs zur Aufklärung darüber, ob eine Innenprovision gezahlt wird, in Betracht, wenn gleichzeitig von dem Zeichner eine Außenprovision in Gestalt eines Agios verlangt wird. Oft wird allerdings für den Zeichner zu erkennen sein, dass der Vermittler für den Fondsinitiator tätig ist, etwa weil der Vermittler nicht auf Wunsch des Zeichners, sondern „ungebeten" letzterem das Projekt vorstellt. In einem solchen Fall weiß der Zeichner, dass der Vermittler durch den Initiator beauftragt ist und von diesem eine Provision erhält, mit der Folge, dass § 654 BGB nicht zur Anwendung kommt, vgl. *Sprau*, in Palandt, § 654, Rdnr. 4. - Ohne diese Differenzierung für die Anwendung des § 654 BGB, *Wagner*, WM 1998, 694, 698 und *Gallandi*, WM 2000, 279, 285. - Diese Frage soll hier nicht näher besprochen werden, weil sie die Aufklärungspflicht der Bank nicht berührt.

[114] WM 2000, 279, 281.

[115] Vgl. zur Haftung des Geschäftsführers einer Vermittlungsgesellschaft aus § 826 BGB wegen Missbrauchs eines Informationsvorsprungs, *Oechsler*, in Staudinger, § 826, Rdnr. 169 ff. .

[116] Daher ist der Rechtsprechung, die in diesen Fällen eine Aufklärungspflicht annimmt, wenn es sich nicht um geringfügige Aufschläge handelt, zuzustimmen, vgl. BGH, NJW 1981, 1440.

Was die Zahlung einer **Innenprovision an den Finanzierungsvermittler** betrifft, ist dem LG Nürnberg-Fürth[117] darin zuzustimmen, dass über Innenprovisionen nur dann aufgeklärt werden muss, wenn die Zahlung dieser Provision tatsächlich die Kreditkosten für den Darlehensnehmer erhöht. Zwar sieht § 492 Abs. 1 Satz 5 BGB vor, dass in Kreditverträgen neben dem Zinssatz und allen sonstigen Kosten des Kredits auch die vom **Verbraucher zu tragenden Vermittlungskosten** im einzelnen zu bezeichnen sind. Damit sind nach der Gesetzesbegründung jene Vermittlungskosten gemeint, die vom Kreditgeber auf die sonst banküblichen Konditionen für Kredite dieser Art, den sog. Schaltersatz, aufgeschlagen werden, so dass sich der Kredit vermittlungsbedingt entsprechend verteuert[118]. Vermittlungskosten müssen also im Kreditvertrag nicht angegeben werden, wenn diese den Kredit nicht verteuern. Dies ist etwa dann der Fall, wenn ein Kreditinstitut einen vermittelten Kredit ohne Aufschlag zu den für nicht vermittelte Kredite üblichen Schalterkonditionen gewährt, was häufig der Fall ist. Denn durch die Einschaltung von Kreditvermittlern ersparen sich Kreditinstitute teilweise den Aufbau eines flächendeckenden Filialnetzes. Die Übernahme von Vermittlungskosten stellt daher einen Ausgleich für die ersparten Vertriebskosten dar.

Weiteres Argument für die Annahme einer Pflicht zur Aufklärung über Innenprovisionen ist die Tatsache, dass der Verbraucher über die **Interessenlage des Vermittlers** informiert sein soll[119], worunter die Tatsache zu verstehen ist, dass der Vermittler aus Provisionsinteresse gerade mit der betreffenden Bank den Kreditvertrag schließt. Diesem Kriterium kommt in der Praxis der Finanzierung von Immobilienfonds allerdings eher eine untergeordnete Bedeutung zu. Denn aufgrund des Umstands, dass der Vermittler i. d. R. entweder bereits mit Kreditantragsformularen eines Kreditinstitutes ausgestattet ist[120] oder aber den Zeichner zumindest auf die Möglichkeit der Finanzierung des Erwerbs des Anteils über ein bereits ausgewähltes Kreditinstitut hinweist, ist dem Zeichner bewusst, dass der Vermittler auch im Interesse dieses Kreditinstituts handelt (und dafür von diesem eine Vergütung erhält).

---

[117] WM 2000, 2153, 2156.

[118] Für die Angabepflicht des sog. Packing auch *Bülow*, VerbrkrG, § 4, Rdnr. 83, m. w. Nachw. .

[119] Vgl. *Bruchner*, in Bankrechtshandbuch, § 78, Rdnr. 88.

[120] Vgl. OLG München, WM 1999, 1416, wo die Darlehensnehmer aus der Tatsache, dass der Vermittler bereits mit Selbstauskunftsformularen der Bank ausgestattet war, einen besonderen Gefährdungstatbestand ableiten wollten.

Bereits aus diesem Grund scheidet regelmäßig eine Vergleichbarkeit der hier zu untersuchenden Fälle mit den Sachverhalten, die zwei in anderem Zusammenhang getroffenen Entscheidungen des BGH[121] zugrunde liegen, aus. Darin hatte der BGH entschieden, dass eine Bank verpflichtet ist, dem Kunden gegenüber offen zu legen, dass sie mit dem Vermögensverwalter des Kunden eine Vereinbarung getroffen hat, wonach dieser an ihren Provisionen und Depotgebühren beteiligt wird. Entgegen der Auffassung, die *Tilp*[122] in seiner Besprechung des Urteils des BGH vertritt, lassen sich die Ausführungen des BGH eben nicht dahin verallgemeinern, dass eine Bank stets verpflichtet sein soll, ihren Kunden über die Zahlung einer Provision an den Vermittler aufzuklären. In dem durch den BGH entschiedenen Fall ging der Kunde davon aus, dass der Vermögensverwalter ausschließlich die Interessen des Kunden vertrat. In den Fällen der Finanzierung von Fondsanteilen ist dem Darlehensnehmer bewusst, dass der Vermittler auch die Interessen der bereits ausgewählten Bank vertritt. Es kann also keine Rede davon sein, dass hinter dem Rücken des Kunden eine Vereinbarung zwischen Bank und Vertreter des Kunden getroffen wird. Es fehlt somit an einer Treuewidrigkeit der Bank, wenn sie dem Kunden die Vereinbarung mit dem Vermittler nicht offen legt. Die gleichen Erwägungen treffen auch auf die Entscheidung zu[123], wonach die Bank den Kunden darüber aufzuklären hat, dass sie dem Vermittler eine Provision für das Zustandekommen eines Darlehensvertrages zahlt.

c) *Ausnahmetatbestand nach der Rechtsprechung: Besonderer Gefährdungstatbestand/Interessenkollision*

Häufig unterhält die Bank zum Zeitpunkt des Abschlusses des Darlehensvertrages mit dem einzelnen Zeichner bereits umfangreiche Geschäftsbeziehungen zu der Initiatorengruppe. Scheitert das Projekt, etwa weil der Initiator zahlungsunfähig und deshalb nicht in der Lage ist, die Immobilie fertig zu stellen, wird der Anspruch auf Freistellung von der Darlehensverbindlichkeit damit begründet, dass die Bank verpflichtet gewesen sei, ihre Kenntnisse bezüglich der finanziellen Lage des Initiators an den Darlehensnehmer weiterzugeben. Nicht selten wird der Bank gleichzeitig vorgeworfen, sie habe den Kredit an den einzelnen Zeichner nur ausgereicht, um in Anbetracht der unausweichlichen Insolvenz ihr Kreditengagement zu verringern.

---

[121] NJW 2001, 962 ff. .
[122] EwiR 2001, 255.
[123] Vgl. BGH, NJW 2001, 1065 ff. .

Zu Recht wird eine Aufklärungspflicht für den Fall verneint, dass eine Bank lediglich zusätzlich zu den Immobilienerwerbern auch den Initiator finanziert. Diese Tatsache isoliert betrachtet besitzt keine Relevanz für die Entscheidung des Darlehensnehmers. Der in der Rechtsprechung vertretenen Auffassung ist daher zuzustimmen[124].

Hingegen kann die Vermögenssituation des Darlehensnehmers sehr wohl von Bedeutung für den Entschluss des Darlehensnehmers zum Erwerb des Fondsanteils und damit auch zum Abschluss des Darlehensvertrages sein. Man könnte daher daran denken, der Bank die Verpflichtung aufzuerlegen, den Darlehensnehmer über die Tatsache aufzuklären, dass der Initiator des Fondsprojektes überschuldet ist. Zum einen spricht gegen eine Aufklärungspflicht aber die Tatsache, dass die Überschuldung des Vertragspartners des Darlehensnehmers sich nicht zwangsläufig negativ auswirkt. Mit konkreten negativen Folgen ist die schlechte finanzielle Situation des Initiators nur verbunden, wenn dieser nicht in der Lage ist, seine gegenüber dem Darlehensnehmer bestehenden Verpflichtungen zu erfüllen, und wenn anschließend der Darlehensnehmer keine Möglichkeit hat, seine daraus resultierenden Ansprüche auf Rückzahlung des durch ihn Geleisteten zu realisieren.

Zum anderen ist zu berücksichtigen, dass die Bank ein legitimes Eigeninteresse am Abschluss des Kreditvertrages hat. Der Kunde muss mit einem eigennützigen Verhalten der Bank rechnen. Denn eine Pflicht zur vorrangigen Wahrung des Kundeninteresses besteht für Darlehensverträge – anders als für Geschäftsbesorgungsverträge – nicht[125]. Aus diesem Grund ist der Bank auch zuzugestehen, ein notleidendes Darlehen durch mehrere sichere Kredite zu ersetzen, ohne dass die Bank den Darlehensnehmer über die wirtschaftliche Situation desjenigen, dessen Verbindlichkeit der Darlehensnehmer (zu einem Teil)

---

[124] OLG Stuttgart, WM 2000, 292, 295, Revision BGH XI ZR 40/00: „Selbst wenn eine Doppelfinanzierung stattgefunden hätte, läge hierin allein kein schwerwiegender Interessenkonflikt, welcher als solcher hätte offenbart werden müssen"; ebenso OLG Stuttgart, ZIP 2001, 692, 694, Revision BGH XI ZR 61/01; OLG Zweibrücken, WM 1999, 2022, 2023, bestätigt durch Nichtannahmebeschluss v. 11.04.2000, AZ: BGH XI ZR 166/99; OLG Köln, WM 2000, 2139, 2142, Revision BGH XI ZR 257/00; OLG Frankfurt, WM 2000, 2135, 2137; LG Berlin, WM 1999, 76, 78; OLG Bamberg, Urteile v. 29.05.2000, AZ: 4 U 177, 178 und 200/99, Revision BGH XI ZR 198-200/00, S. 59, 63 und 39 des jew. Urt. sowie Urt. v. 25.09.2000, AZ: 4 U 16/00, Revision BGH XI ZR 344/00, S. 43 des Urt.

[125] Vgl. *Canaris*, Bankvertragsrecht, Rdnr. 114.

Verbindlichkeit der Darlehensnehmer (zu einem Teil) ablöst, aufzuklären hat[126].

Vor diesem Hintergrund ist es nicht nachzuvollziehen, dass die Rechtsprechung als Fallgruppe einer ausnahmsweise gegebenen Aufklärungspflicht diejenige eines „schwerwiegenden Interessenkonflikts“ zwischen Bank und Darlehensnehmer gebildet hat. Ein solcher Interessenkonflikt ist im Rahmen von Darlehensverträgen nämlich stets gegeben, ohne dass aus diesem Gesichtspunkt für die Bank – im Gegensatz zu Geschäftsbesorgungsverträgen – besondere Informationspflichten abzuleiten wären.

Als Beispiel für die Auffassung des BGH sei das Urteil vom 27.11.1990[127] angeführt, in dem das Gericht eine Aufklärungspflicht der Bank deswegen annahm, weil die Zahlungsfähigkeit der Initiatorengruppe, der die Bank Bauträgerkredite in erheblichem Umfang zur Verfügung gestellt hatte, nur noch durch die Bank selbst sicher gestellt wurde. Diese – so der BGH – stand damit vor der Frage, ob sie den unausweichlichen Konkurs dieser Firmengruppe herbeiführen oder zulassen sollte, dass sich ihr Kreditengagement verringerte, indem sie den Bauherren Kredit für ein Objekt gewährte, das von dem Initiator des Modells nicht mehr zu realisieren war und bei dem es zumindest nahe lag, dass die Bauherren mit den Kreditmitteln auch weitgehend wertlose Verpflichtungen honorieren würden. Diese Auffassung hat der BGH[128] in einem weiteren Urteil bestätigt, wobei das Gericht in diesem Fall eine Aufklärungspflicht zusätzlich deswegen annahm, weil die Bank einen besonderen Gefährdungstatbestand dadurch geschaffen habe, dass sie sich von der Verkäuferin sämtliche Kaufpreisansprüche habe abtreten lassen. Für die Kunden, die im

---

[126] BGH, WM 1988, 561, 562; OLG Frankfurt, WM 2000, 2135, 2137: „Sogar wenn der an die Bauträgerin gegebene Kredit notleidend geworden sein sollte..., hielt sich die Beklagte im Rahmen ihrer Rolle als Kreditgeberin, wenn sie den Erwerb der Klägerin ohne weitere Hinweise finanzierte“. – A. A. OLG München, WM 1999, 1416, 1417: Danach kommt eine Aufklärungspflicht in Betracht, wenn der von der Bank dem Verkäufer gewährte Kredit notleidend geworden ist. Auch LG Heidelberg, Urt. v. 01.04.1999, AZ: 1 O 206/98, n. v., verneint einen Interessenkonflikt lediglich deswegen, weil die Bonität des Initiators nicht schlechter einzustufen sei als die der Erwerber (S.17 des Urt.). Weshalb in diesem Fall eine Aufklärungspflicht in Betracht kommen soll, wird allerdings nicht einmal im Ansatz erläutert. – Nach der hier vertretenen Auffassung besteht erst recht keine Aufklärungspflicht hinsichtlich der Überschuldung des eine Mietgarantie absichernden Bürgen, der ja nicht einmal unmittelbarer Vertragspartner des Darlehensnehmers ist, so zu Recht OLG Karlsruhe, Urt. v. 16.12.1999, AZ: 19 U 66/99, n. v., Revision BGH XI ZR 10/00, S. 12 des Urt. .

[127] WM 1991, 85, 86.

[128] WM 1992, 1310, 1311.

Einverständnis mit der Verkäuferin hätten aus dem Projekt ausscheiden wollen, hätte daraus die Gefahr resultiert, bei Rückabwicklung den Kaufpreis zu verlieren.

Weil gegensätzliche Interessen für Austauschverträge geradezu typisch sind und weil eine Verpflichtung der darlehensgewährenden Bank, die Interessen des Darlehensnehmers zu wahren, nicht besteht, überzeugt die Begründung einer Aufklärungspflicht mit einem schwerwiegenden Interessenkonflikt bzw. einer besonderen Gefährdung des Darlehensnehmers nicht. Es ist zudem nicht zu erklären, weshalb der BGH einen Interessenkonflikt in dem Fall, in dem ein notleidendes Darlehen durch mehrere sichere Darlehen abgelöst wurde, verneint[129], während bei Insolvenzreife des abzulösenden Darlehensnehmers ein Interessenkonflikt gesehen wird.

Tatsächlich geht es auch in diesen Fällen um die Frage, welche von beiden Parteien das Risiko dafür zu tragen hat, dass der Darlehensnehmer zum Zeitpunkt des Abschlusses des Darlehensvertrages über einen für ihn entscheidungserheblichen Umstand nicht informiert war. Dies wird im übrigen auch durch den BGH so gesehen, der hinsichtlich der Insolvenzreife der Initiatorengruppe davon spricht, dass die Bank diesbezüglich einen „Wissensvorsprung“ hatte. Ob in der Nichtweitergabe der entsprechenden Information eine Pflichtverletzung der Bank zu sehen war, erscheint wiederum davon abhängig, ob diese Information maßgeblich ist und ihre Relevanz dem Darlehensnehmer bewusst ist bzw. bewusst sein muss. Zusätzlich kommt es darauf an, ob der Darlehensnehmer die Möglichkeit hatte, an die entsprechende Information zu gelangen.

Beide Fragen sind hinsichtlich des hier zu untersuchenden Kriteriums „Vermögenssituation des Vertragspartners“ zu bejahen. Die Bedeutung der finanziellen Situation des Vertragspartners ist jedem geläufig. Wer einen Vertrag schließt und dabei eine Vorleistung erbringt, weiß, dass die Gegenleistung des Vertragspartners von dessen Liquidität abhängig ist. Auch besteht grundsätzlich die Möglichkeit, die finanzielle Situation des Initiators zu überprüfen. Eben diese Möglichkeit dürfte *Messer*[130] zu der Auffassung veranlasst haben, dass Schulden, auch wenn sie die Durchführung des beabsichtigten und kreditierten Geschäfts ernsthaft gefährden, kein spezielles Risiko des kreditierten Geschäfts, sondern allgemeines Geschäftsrisiko sind, über das die finanzierende Bank nicht

---

[129] Vgl. BGH, WM 1988, 561, 562.
[130] BrV 3, 73, 79.

aufklären muss. Ausdrücklich wird dieser Aspekt von *Roth*[131] angesprochen, nach dem eine Aufklärungspflicht über allgemeine Marktverhältnisse nicht besteht, denn „hierüber kann und muss sich jeder selbst unterrichten".

Dass der durchschnittliche Darlehensnehmer selbst i. d. R. nicht zu einer Überprüfung in der Lage sein wird, weil dies die Einsichtnahme und Analyse von Bilanzen und sonstigen Geschäftsunterlagen des Initiators erforderlich macht, führt nicht dazu, dass das aus dem Fehlen der entsprechenden Information resultierende Risiko von der Bank übernommen werden müsste. Schließlich ist es einhellige Auffassung, dass der Darlehensnehmer verpflichtet ist, sich sachkundigen Rat z. B. zu der Frage der steuerlichen Auswirkungen einer Beteiligung an einem Immobilienfonds einzuholen, wenn er selbst nicht in der Lage ist, diese Frage zu beantworten. Das Gleiche muss dann aber auch bezüglich der Vermögenssituation des Initiators gelten.

Es ist somit Sache des Darlehensnehmers, die finanzielle Situation seines Vertragspartners zu überprüfen. Es bleibt dem Schuldner allerdings überlassen, wie und ob er seine eigenen Interessen wahrnimmt. Unterlässt der Darlehensnehmer eine Überprüfung, hat er diese Entscheidung zu verantworten. Beauftragt er einen Sachkundigen mit der Überprüfung und wird diesem die Vorlage entsprechender Unterlagen verweigert, liegt es erneut an dem Darlehensnehmer, zu entscheiden, ob er bewusst das Risiko einer schlechten Bonität seines Vertragspartners eingeht. Entscheidet er sich dennoch für den Erwerb des Anteils, hat er – durch die negative Auskunft vorgewarnt – die Entscheidung zum Erwerb des Anteils und zur Aufnahme des Darlehens erst recht zu verantworten.

Entschließt sich der Kunde zum Beitritt, weil der von ihm beauftragte Wirtschaftsprüfer die finanzielle Lage des Initiators positiv darstellt, und erweist sich diese Aussage des Sachverständigen später als unzutreffend, bestehen Ansprüche des Darlehensnehmers gegen den durch ihn eingeschalteten Prüfer. So einleuchtend das gefundene Ergebnis auch ist, es kommt dennoch vor, dass selbst in dieser Konstellation Ansprüche gegen die finanzierende Bank erhoben werden, weil sie es versäumt habe, den Darlehensnehmer über die schlechte Bonität des Initiators aufzuklären[132]. Dies verdeutlicht, dass der Beweggrund für die Geltendmachung von Ansprüchen gegen das Kreditinstitut nicht selten darin zu se-

---

[131] MüKo, § 242, Rdnr. 222.
[132] Vgl. z. B. OLG München, WM 1999, 1416, 1417.

hen ist, dass dieses dem Darlehensnehmer von allen an dem Gesamtprojekt Beteiligten als solventester Schuldner erscheint.

Im Überweisungsverkehr werden den Kreditinstituten strengere Warnpflichten auferlegt. Die überweisende Bank ist nach Stellung des Antrags auf Eröffnung des Insolvenzverfahrens bzw. bei Offenkundigkeit des wirtschaftlichen Zusammenbruchs des Zahlungsempfängers verpflichtet, den Auftraggeber der Überweisung auf die Sachlage hin zu weisen[133]. Der Grund für die unterschiedliche Behandlung ist in der bereits mehrfach erwähnten Tatsache zu sehen, dass aus einem Geschäftsbesorgungsvertrag die Verpflichtung des Beauftragten resultiert, die Interessen des Auftraggebers zu wahren, während die Parteien eines Darlehensvertrages ihre (gegensätzlichen) Interessen grundsätzlich selbst wahrzunehmen haben.

Anders stellt sich die Situation dar, wenn die Bank sich von der Verkäuferin sämtliche Kaufpreisansprüche im Voraus abtreten lässt, so dass diese ihrer wirtschaftlichen Bewegungsfreiheit beraubt ist. Im Ergebnis hat dies zur Folge, dass die Möglichkeit der Rückgewähr des gezahlten Kaufpreises nach einer evtl. Rückabwicklung des Beitritts von der Entscheidung der Bank abhängt. Weil der Erwerber des Fondsanteils mit einer solchen Vereinbarung nicht rechnen muss, darf der Darlehensnehmer redlicherweise darauf vertrauen, dass die Bank ihn ungefragt darüber in Kenntnis setzt.

Das Gleiche gilt für den Fall, über den das OLG Karlsruhe[134] zu entscheiden hatte. Das Gericht nahm eine Aufklärungspflicht darüber an, dass die Bank sich eine Sicherheit von 3 % gewähren ließ. Diese wurde durch Einbehalt der an die Anteilseigner auszukehrenden Steuerrückvergütungen aufgefüllt, was den Anteilseignern erst bekannt wurde, als sie die mangelnde Auszahlung der Steuerrückvergütungen reklamierten. Zur Begründung führte das Gericht aus, dass die Bank dadurch, dass sie sich eine 3 %ige Sicherheit von der Initiatorin einräumen ließ, die Stellung einer bloßen Kreditgeberin der Beitrittswilligen verlassen habe und damit auch die Bedingungen des Fondsbeitritts erheblich verschlechtert habe, ohne dass dies in den Prospekten ausgeführt wurde. Für den Vertrieb sei eine 1 %ige Vergütung vorgesehen. Wenn das Dreifache hiervon für die Absicherung der Bank durch Sicherheitsleistung blockiert werde, stelle dies eine erhebliche Verschlechterung der Erwerbsaussich-

---

[133] Vgl. *Siol*, in Bankrechtshandbuch, § 44, Rdnr. 71 m. w. Nachw. aus der Rechtsprechung.
[134] OLG Karlsruhe, WM 1999, 127.

ten des Fonds dar, über die die Bank die Darlehensnehmer hätte aufklären müssen[135].

d) *Einzelfälle*

Überzeugend erscheint auch die Entscheidung des OLG Stuttgart[136], wonach die finanzierende Bank den Darlehensnehmer darüber aufklären muss, dass das **Fondsgrundstück kontaminiert ist**. Mit diesem wertbildenden Faktor muss der Darlehensnehmer nicht rechnen. Folglich hat er auch das daraus resultierende Risiko nicht zu tragen.

Das Gleiche gilt für den Fall, dass der Bank, die den Beitritt zu einer steuersparenden Fondsgemeinschaft finanziert, beim Beitritt des Zeichners die bereits erfolgte **Überzeichnung** bekannt ist[137]. Der Nachteil für den Zeichner ist darin zu sehen, dass bei einer erheblichen Überzeichnung die im Prospekt vorgesehenen, für die erstrebte Steuerersparnis entscheidenden Verlustzuweisungen entweder niedriger ausfallen oder die Ausgaben erhöht und damit die Rentabilität des Objekts beeinträchtigt wird.

Zur **arglistigen Täuschung** des Darlehensnehmers hat der BGH[138] entschieden, dass die finanzierende Bank zur Aufklärung verpflichtet ist, wenn sie weiß, dass die in den Werbeunterlagen getroffenen Aussagen zu den zu erzielenden Mieteinnahmen falsch sind. Dieser Auffassung kann allerdings nicht gefolgt werden. Eine Aufklärungspflicht der Bank resultiert nicht allein aus der Tatsache, dass der Darlehensnehmer durch seinen Vertragspartner arglistig getäuscht wurde. Die Beantwortung der Frage, ob eine Aufklärungspflicht der Bank besteht, ist vielmehr davon abhängig, worüber der Darlehensnehmer im konkreten Einzelfall getäuscht wurde. Dies lässt sich etwa an dem Beispiel des offensichtlichen Mangels der Fondsimmobilie verdeutlichen. Die Rechtsprechung vertritt zu Recht die Auffassung, dass diesbezüglich eine Aufklärungspflicht der Bank nicht besteht, weil es Sache des Darlehensnehmers ist, wertbildende Faktoren, deren Bedeutung ihm bekannt ist bzw. bekannt sein muss, zu bestimmen[139]. Deshalb kann nichts anderes gelten, wenn die Bank weiß, dass der Verkäufer dem Darlehensnehmer gegenüber die Aussage getroffen hat, die Fondsimmobilie sei mangelfrei, zumal die Er-

---

[135] OLG Karlsruhe, WM 1999, 127, 128 f. .
[136] ZIP 2001, 692, 695, Revision BGH XI ZR 61/01.
[137] Vgl. BGH, WM 1986, 995, 996.
[138] BGH, WM 1989, 1368, 1370.
[139] Vgl. a) .

wartungshaltung und damit die Schutzwürdigkeit des Erwerbers die gleiche ist, ob nun der Vermittler die Mangelfreiheit ausdrücklich zusichert oder ob er zu diesem Punkt schweigt.

Sofern die Bank sich die täuschende Aussage des Vermittlers nicht zurechnen lassen muss[140], stellt die Nichtweitergabe der Information durch die Bank keine Pflichtverletzung dar. Im Verhältnis zur lediglich finanzierenden Bank ist es auch dann noch Sache des Darlehensnehmers, z. B. den wertbildenden Faktor „Zustand der Immobilie" zu bestimmen[141]. Ansonsten würde man im Ergebnis das Verhalten des Vermittlers doch der finanzierenden Bank zurechnen. Das Gleiche gilt dann aber auch für die Frage der zu erzielenden Mieteinnahmen. Denn auch insofern ist es Sache des Darlehensnehmers, sich kundig zu machen.

Am Beispiel der arglistigen Täuschung zeigt sich übrigens die Bedeutung der Begründung einer Annahme bzw. einer Ablehnung von Aufklärungspflichten. Sieht man mit einem Teil der Rechtsprechung – entgegen der hier vertretenen Auffassung - den Grund für die Ablehnung von Aufklärungspflichten darin, dass die finanzierende Bank darauf vertrauen darf, dass der Darlehensnehmer hinsichtlich bestimmter, für ihn wesentlicher Umstände informiert ist[142], müsste man in den Fällen der arglistigen Täuschung stets zu dem Ergebnis gelangen, dass eine Aufklärungspflicht der Bank besteht. Denn wenn die Bank weiß bzw. wissen muss, dass der Darlehensnehmer durch den Vermittler bezüglich bestimmter Faktoren, z. B. hinsichtlich der zu erwartenden Mieteinnahmen, arglistig getäuscht wurde, muss die Bank davon ausgehen, dass der Darlehensnehmer im Regelfall selbst keine weiteren Nachforschungen im Hinblick auf diesen Umstand anstellt. Die Bank darf also in diesem Fall eben nicht ohne weiteres darauf vertrauen, dass der Darlehensnehmer zutreffend informiert ist. Zumindest müsste man von ihr den Nachweis verlangen, dass sie in dieser Hinsicht Nachforschungen darüber angestellt hat, ob der Darlehensnehmer den täuschenden Angaben Glauben geschenkt hat.

Die an sich gebotene Konsequenz wird aber durch die Rechtsprechung nicht gezogen. Obwohl in einer nicht unerheblichen Anzahl der Fälle der Bank klar sein musste, dass der jeweilige Darlehensnehmer seitens des Vermittlers durch unrealistische Rentabilitätsrechnungen zum Erwerb

---

[140] Vgl. hierzu III. .

[141] Im Gegensatz dazu haftet der Verkäufer für unrichtige Angaben nach den Grundsätzen der cic, vgl. BGH, NJW 1998, 302 ff. .

[142] Vgl. a) .

des Fondsanteils veranlasst wurde, begründet die Rechtsprechung auch bei dieser Sachlage die Ablehnung von Aufklärungspflichten mit dem berechtigten Vertrauen der Bank darauf, dass der Darlehensnehmer über die entsprechende Information verfügt[143].

Aus den dargestellten Gründen ist die hier vertretene Auffassung, nach der es für eine Aufklärungspflicht der Bank nicht darauf ankommt, ob der Darlehensnehmer bestimmte Informationen tatsächlich besitzt[144], vorzuziehen.

Zu erwähnen ist auch das Urteil des LG Mannheim[145], nach dem eine Aufklärungspflicht besteht, wenn die Bank Kenntnis von der kostenträchtigen Notwendigkeit besitzt, das erworbene Objekt durch einen Pförtner **permanent bewachen zu lassen**. Dem Tatbestand des Urteils ist nicht zu entnehmen, woraus die Notwendigkeit der Bewachung resultiert. Sollte – was zu vermuten ist – die Ursache in der besonderen Lage der Immobilie zu sehen sein, hat das LG Mannheim zu Unrecht eine Aufklärungspflicht angenommen. Denn es ist Sache des Erwerbers, sich über die Lage der Immobilie, weil diese z. B. auch die Nachfrage von potentiellen Mietern wesentlich beeinflusst, zu informieren. Wäre der Erwerber dieser Verpflichtung nachgekommen, hätte sich ihm auch die Frage nach der Notwendigkeit einer Bewachung gestellt.

e) *Aufklärungspflicht wegen geschäftlicher Unerfahrenheit des Darlehensnehmers?*

Nach einer in der Literatur vertretenen Auffassung soll allein die mangelnde Geschäftserfahrenheit des Darlehensnehmers eine Erweiterung des Pflichtenkreises der Kreditinstitute zur Folge haben. So führen etwa *Fuellmich/Rieger*[146] aus, dass die mangelnde Geschäftserfahrenheit im Vergleich zum typischen Kapitalanleger früherer Bauherrenmodelle zu einem stärkeren strukturellen Ungleichgewicht zwischen Darlehensnehmer und Bank hinsichtlich des Beurteilungsvermögens über die Erreichbarkeit des Vertragszwecks der Kreditaufnahme führe. Im Gegensatz zu dem Fall eines Wissensvorsprungs hinsichtlich einer konkreten Tatsache handele es sich hierbei nicht nur um ein einzelfallbezogenes, sondern um ein generelles strukturelles Ungleichgewicht. Die diesbezüglich von vornherein außerordentliche Fragwürdigkeit der Kombination von Kon-

[143] Vgl. a) .
[144] Vgl. a) .
[145] Urt. v. 11.03.1999, AZ: 3 O 323/98, n. v., S. 16 des Urt. .
[146] ZIP 1999, 465, 470.

zept und Zielgruppe habe sich den aus der Ferne finanzierenden Banken wegen der ihnen vorliegenden Bonitäts- und Beleihungsunterlagen förmlich aufdrängen müssen. Unter den gegebenen Umständen hätten die Banken ihre Kunden nicht „ins offene Messer laufen“ lassen dürfen. Es verstoße in einem solchen Fall gegen Treu und Glauben, wenn eine Bank Bedenken, die nur ihr, nicht aber dem Darlehensnehmer bekannt sind, verschweige[147].

Die Auffassung von *Fuellmich/Rieger* ist kritikwürdig. Der Aspekt des **strukturellen Ungleichgewichts** ist dem Beschluss des Bundesverfassungsgerichts vom 19.10.1993 entnommen. Darin hat das Gericht festgestellt, anhand welcher Kriterien eine Inhaltskontrolle von Verträgen, die die Mitverpflichtung vermögensloser naher Angehöriger zum Gegenstand haben, vorzunehmen ist. Zwar zählt zu diesen Kriterien auch dasjenige des strukturellen Verhandlungsungleichgewichts. Doch soll allein die Feststellung der strukturellen Unterlegenheit nicht zu dem Ergebnis der Nichtigkeit eines Vertrages führen. Von einer solchen ist vielmehr nur dann auszugehen, wenn die strukturelle Unterlegenheit (und die Störung der Vertragsparität) zu einer **Fremdbestimmung** des unterlegenen Vertragsteils führen[148].

Fremdbestimmung aufgrund von Druck oder emotionalen Bindungen liegt nahe, wenn ein Angehöriger **ohne eigenes unmittelbares wirtschaftliches Interesse** eine ihn überfordernde Mitverpflichtung übernimmt[149]. Genau darin liegt aber der wesentliche Unterschied zu den hier zu besprechenden Fällen. Derjenige, der aus eigenem Entschluss zur Finanzierung eigener Bedürfnisse oder Vorhaben einen Bankkredit aufnimmt, handelt (auch bei Überschreitung seiner Leistungsfähigkeit) im Rahmen seiner Vertragsfreiheit und kann daher keine Entlastung wegen Sittenverstoß verlangen[150]. Daher kann – entgegen *Fuellmich/Rieger* - der Darlehensnehmer allein aus der Tatsache der strukturellen Unterlegenheit, keine Rechte ableiten. Zu berücksichtigen ist weiter, dass die Darlehensnehmer in den meisten Fällen durch Bevollmächtigte vertreten

---

[147] So im Ergebnis auch *Spickhoff/Petershagen*, BB 1999, 165, 166 und *Schwintowski/Schäfer*, § 7 Rdnr. 122 f. .

[148] BVerfG, WM 1993, 2199, 2203: „Für die Zivilgerichte folgt daraus die Pflicht, bei der Auslegung und Anwendung der Generalklauseln darauf zu achten, dass Verträge nicht als Mittel der Fremdbestimmung dienen“. Auch *Schimansky*, WM 1995, 461, 466 f., weist darauf hin, dass eine Isolierung der vom Bundesverfassungsgericht verwendeten Begriffe dem Beschluss vom 19.10.1993 nicht gerecht würde.

[149] *Joswig*, in FS Schimansky, 335, 353 m. w. Nachw. .

[150] *Joswig*, in FS Schimansky, 335, 352 unter Hinweis auf BGH, ZIP 1994, 773, 774.

werden, so dass ohnehin auf deren Geschäftserfahrenheit abzustellen wäre[151].

Die Idee, Pflichten der Bank allein aus der mangelnden Geschäftserfahrenheit des Darlehensnehmers abzuleiten, lässt sich nicht mit der hier vertretenen Meinung vereinbaren, dass Ausgangspunkt für die Bestimmung von Aufklärungspflichten nicht die Frage ist, bei welchen Gruppen typischerweise ein Informationsbedarf besteht, sondern, auf welche Informationen ein Vertragspartner bei einem **konkreten Geschäft** redlicherweise vertrauen darf. Dabei wurde festgestellt, dass der Darlehensnehmer es zu verantworten hat, wenn er es unterlässt, entscheidungserhebliche Faktoren, deren Bedeutung ihm bewusst ist, zu klären. Die Tatsache, das es sich bei dem Darlehensnehmer um einen geschäftsunerfahrenen Kunden handelt, könnte Auswirkungen auf die Frage haben, ob dem Darlehensnehmer die Bedeutung bestimmter Faktoren bewusst ist.

Soweit es um die allgemeinen, mit der Beteiligung an einem Immobilienfonds verbundenen Risiken geht, ist davon auszugehen, dass auch der geschäftsunerfahrene Zeichner in der Lage ist, die Bedeutung der entsprechenden Kriterien abzuschätzen. Auch ein in geschäftlichen Angelegenheiten nicht erfahrener Zeichner weiß, dass der Erfolg des Projekts wesentlich von der Frage abhängt, ob für die Immobilie zahlungskräftige Mieter gefunden werden. Dass der Erfolg der Beteiligung an dem Fonds weiter entscheidend durch die steuerlichen Auswirkungen beeinflusst wird, ist dem Zeichner spätestens bewusst, nachdem der Vermittler diesen Faktor in eine Modellrechnung hat einfließen lassen. Auch die Bedeutung der Liquidität eines Vertragspartners, dem gegenüber eine Vorleistung erbracht wurde, ist dem Zeichner bekannt. Damit ist der Zeichner über die Bedeutung der entscheidungserheblichen Faktoren informiert. Ob die Angaben des Vermittlers, z. B. bezüglich der steuerlichen Folgen des Beitritts zu der Fondsgesellschaft der Wahrheit entsprechen, ist an dieser Stelle unerheblich. Entscheidend ist allein, dass der Darlehensnehmer hinsichtlich der Bedeutung der wesentlichen Kriterien ausreichend sensibilisiert ist.

Vertritt man die Gegenauffassung, dass der Darlehensnehmer auf Grund seiner geschäftlichen Unerfahrenheit nicht in der Lage ist, die Relevanz bestimmter Faktoren zu erkennen, ist die Frage zu erörtern, wer das aus diesem „allgemeinen Informationsdefizit" resultierende Risiko zu tragen hat. Im Gegensatz zu dem Kunden, der z. B. über die Tatsache der Überzeichnung nicht informiert ist, und der deswegen aufzuklären ist, weil

[151] So auch *Edelmann/Hertel*, DStR 2000, 331, 332.

er sein Informationsdefizit nicht kennt und daher nicht von einer selbstbestimmten Vertragsgestaltung die Rede sein kann, weiß der geschäftsunerfahrene Kunde um seine Erfahrungsdefizite. Insofern ist er weniger schutzwürdig. Unterlässt er es, sich im Hinblick auf seine fehlende Erfahrung sachkundiger Hilfe zu bedienen, hat er das damit verbundene Risiko zu tragen[152].

Die Ableitung einer Aufklärungspflicht der Bank aus dem Begriff der „Geschäftsunerfahrenheit" scheitert auch an der Unbestimmtheit des Begriffs[153]. Eine exakte Bestimmung wäre aber notwendig, wollte man aus diesem Aspekt konkrete Pflichten der Bank ableiten.

Füllmich/Rieger[154] weisen in diesem Zusammenhang darauf hin, dass sich den „aus der Ferne finanzierenden Banken die Fragwürdigkeit der Kombination von Konzept und Zielgruppe förmlich aufdrängen müsse". Mit „Finanzierung aus der Ferne" ist gemeint, dass die Bank entweder dem Darlehensnehmer die Vertragsunterlagen zusendet bzw. ihm durch einen Bevollmächtigten aushändigen lässt, oder dass der Vertrag durch den Bevollmächtigten unterzeichnet wird. Auf Grund dieser Distanz ist es entgegen *Füllmich/Rieger* für eine Bank nicht möglich, allein anhand der im Stadium des ersten rechtsgeschäftlichen Kontakts eingereichten Unterlagen abzuschätzen, wie erfahren der Darlehensnehmer ist. Die Bank kann allenfalls auf Grund der dargestellten Einkommenssituation des Darlehensnehmers grob abschätzen, in welcher Höhe steuerliche Verlustzuweisungen möglich sind. Weil es sich dabei aber nur um einen von mehreren Faktoren im Rahmen der Rentabilitätsrechnung handelt, kann die Bank allein aus den ihr vorliegenden Unterlagen nicht die wirtschaftli-

---

[152] OLG Köln, WM 2000, 2139, 2144, Revision BGH XI ZR 257/00: „Es ist Aufgabe des Kunden, seine Geschäftserfahrenheit selbst einzuschätzen und ggf. sachkundigen Rat, auch den der Bank selbst einzuholen".
[153] OLG Stuttgart, Urt. v. 02.08.2000, AZ: 9 U 52/00, n. v., Revision BGH XI ZR 261/00, S. 16 des Urt.: „Diese Fallgruppe ist ... so konturenlos, dass sie keine, auch dem Gedanken der Rechtssicherheit Rechnung tragenden Gesichtspunkte für die Bestimmung von Aufklärungs- und Hinweispflichten...ergibt"; LG Bremen, WM 1999, 847. – Insofern nicht eindeutig Hanseatisches OLG in Bremen, Urt. v. 07.09.2000, AZ: 5 U 23/2000 c, n. v., Revision BGH XI ZR 287/00: Das Gericht verneint eine Aufklärungspflicht unter Hinweis darauf, dass eine strukturelle Unterlegenheit bzw. eine generelle Geschäftsunerfahrenheit nicht gegeben sei, weil einer der Kläger, dessen Kenntnisse sich die weitere Klägerin zurechnen lassen müsse, als Prokurist einer großen Firma nicht geschäftsunerfahren sei, vgl. S. 15 f. des Urt.; auch OLG Stuttgart, Urt. v. 08.01.2001, AZ: 6 U 48/00, n. v., räumt ein, dass eine Aufklärungspflicht in „krassen Fällen" erkennbarer Geschäftsunerfahrenheit in Betracht kommt (vgl. S. 10 des Urt.).
[154] ZIP 1999, 465, 470.

che Sinnhaftigkeit beurteilen und daraus Rückschlüsse auf die Geschäftserfahrenheit des Darlehensnehmers ziehen.

Im Übrigen verdeutlichen diese Überlegungen, dass die Begründung von Aufklärungspflichten mit dem Kriterium „Geschäftsunerfahrenheit" lediglich den Versuch darstellt, der Bank im Ergebnis die Verantwortung für die wirtschaftliche Sinnlosigkeit und damit für das Fehlschlagen des Projekts zuzuweisen. Es wurde aber bereits dargestellt, dass die allgemeinen, aus der Fondsbeteiligung resultierenden Risiken durch den Darlehensnehmer zu tragen sind[155].

Fuellmich/Rieger[156] kritisieren die Ansicht, die Bank habe grundsätzlich keine Pflicht zur Aufklärung des geschäftsunerfahrenen Darlehensnehmers über die Verwendung der Darlehensvaluta, als „künstliche Aufspaltung". Sie beziehen sich auf den Fall des OLG Düsseldorf[157]. Der diesem Urteil zu Grunde liegende Sachverhalt ist jedoch mit den hier zu besprechenden nicht zu vergleichen. Während in den Fällen der Fondsfinanzierung der Darlehensnehmer für eine durch ihn geplante Investition Geldmittel benötigt, war es in dem Fall, über den das OLG Düsseldorf zu entscheiden hatte, die Bank, die die Gewährung des Darlehens von dem zusätzlichen, durch die Darlehensnehmer ursprünglich nicht geplanten Erwerb einer Immobilie abhängig machte. Dieser Vorschlag der Bank führte aber zu einer Verteuerung des Kredits, da der Erwerb des Wohnungseigentums ebenfalls finanziert werden musste.

Das OLG Düsseldorf hat eine Aufklärungspflicht zu Recht angenommen. Ausgangspunkt für die Bejahung einer Aufklärungspflicht ist die Tatsache, dass seitens der Bank bzw. des Vermittlers, dessen Verhalten sich die Bank zurechnen lassen musste, eine besondere Finanzierungsmethode vorgeschlagen bzw. durchgesetzt wurde, über deren Auswirkungen auf die Bedingungen der Darlehensaufnahme aufgeklärt werden musste. Über die Bedingungen des Vertrages ist der Darlehensnehmer aufzuklären, weil er nur so die Möglichkeit hat, die verschiedenen Finanzierungsmöglichkeiten zu vergleichen. Hier spielt dann in der Tat aber die Frage eine Rolle, ob der Darlehensnehmer die Auswirkungen der besonderen Finanzierungsart durchschaut[158]. Insofern ist in einem solchen Fall auch von Bedeutung, ob es sich bei dem Darlehensnehmer um einen geschäftserfahrenen Kunden handelt.

---

[155] Vgl. a) .
[156] ZIP 1999, 465, 471.
[157] ZIP 1993, 1376.
[158] Vgl. I. 2. .

III. Zurechnung des Verhaltens Dritter

Ob die Bank sich nicht der Wahrheit entsprechende Aussagen des Vermittlers, z. B. zu der Frage von Steuervorteilen einer Beteiligung an einem Fonds, zurechnen lassen muss, bestimmt sich nach § 278 BGB. Danach hat der Schuldner ein Verschulden der Personen, deren er sich zur Erfüllung seiner Verbindlichkeiten bedient, in gleichem Umfang zu vertreten wie eigenes Verschulden.

Sieht man die Verbindlichkeit i. S. d. § 278 BGB darin, dass die Bank gegenüber dem Darlehensnehmer zur Aufklärung über den Inhalt des Kreditvertrages und ausnahmsweise auch über den Verwendungszweck des Darlehens verpflichtet ist[159], könnte eine Zurechnung des Verhaltens des Vermittlers bereits daran scheitern, dass der Vermittler nicht als Erfüllungsgehilfe des Kreditinstitutes anzusehen ist.

Erfüllungsgehilfe ist, wer mit Willen des Schuldners bei der Erfüllung einer diesem obliegenden Verbindlichkeit als dessen Hilfsperson tätig wird[160]. Die Annahme der Eigenschaft als Erfüllungsgehilfe setzt danach voraus, dass die Bank den Vermittler einsetzt, um ihren Aufklärungspflichten nachzukommen. Weil es hier letztendlich um eine innere Tatsache, den Willen der Bank nämlich, geht, fällt der Nachweis der Erfüllungsgehilfeneigenschaft schwer. Dies dürfte auch der Grund dafür sein, dass diese Frage in zahlreichen Entscheidungen offen gelassen wurde[161].

Tatsächlich lässt sich hier nur mit Indizien arbeiten, die auf einen entsprechenden Willen der Bank hindeuten. Neben der Tatsache, dass der Vermittler als ständiger „Verbindungsmann" der Bank auftritt, und dass er hierfür von der Bank eine Provisionszahlung erhält, ist vor allem der Umstand zu nennen, dass der Vermittler durch die Bank mit Kreditantragsformularen ausgestattet wird. Gegen das letzte Argument wird zwar eingewendet, dass eine solche Ausstattung üblich sei und der Abwicklungsvereinfachung diene. Dabei wird aber verkannt, dass es dem Kreditinstitut klar sein muss, dass anlässlich des Ausfüllens von Formularen regelmäßig auch Fragen zum Kreditvertrag durch den Darlehensnehmer gestellt und durch den Vermittler beantwortet werden. Bei diesen Distanzgeschäften, bei denen nach der Vorstellung sowohl der Bank als auch des Darlehensnehmers kein unmittelbarer Kontakt zwischen Bank

---

[159] Zu den Aufklärungspflichten der Bank, vgl. I. und II. .
[160] *Hanau*, in MüKo, § 278, Rdnr. 12 m. w. Nachw. .
[161] Vgl. z. B. OLG Stuttgart, WM 2000, 292, 298.

und Darlehensnehmer vorgesehen ist, hat die Bank schließlich keine andere Wahl, als die notwendige Aufklärung, deren Umfang von dem Kenntnisstand des Darlehensnehmers abhängig ist, durch den Vermittler ausführen zu lassen.

Es ist unerheblich, dass zum Zeitpunkt der Beauftragung noch nicht feststeht, in welchem Umfang Aufklärung erforderlich sein wird. Ansonsten wäre es nie möglich, einen Dritten mit der Anbahnung und Durchführung eines Geschäfts zu beauftragen. Denn in welchem Umfang Aufklärung erforderlich ist, bestimmt sich immer nach dem Kenntnisstand des Aufzuklärenden. Dieser lässt sich aber erst bestimmen, nachdem es zu einem unmittelbaren Kontakt mit dem Vertragspartner, hier dem Darlehensnehmer, gekommen ist. Im Ergebnis spricht also einiges für die Annahme, dass die Bank den Vermittler als Erfüllungsgehilfen einsetzt, damit er die ihr obliegenden Aufklärungspflichten erfüllt[162].

Nicht überzeugend ist jedoch die Auffassung[163], für dieses Ergebnis spräche auch der Sinn des § 278 BGB, wonach derjenige, der sich die Vorteile der Arbeitsteilung zunutze macht, auch die damit für die andere Seite entstehenden Risiken tragen soll. Dies – so die Vertreter dieser Auffassung - werde nur gewährleistet, wenn man annehme, dass derjenige, der einer Hilfsperson die Vertragsverhandlung übertrage, sich dieser Person auch zur Erfüllung seiner vorvertraglichen Schutzpflichten bediene. Offensichtlich gehen die Vertreter dieser Meinung davon aus, dass bei Nichtzurechnung des Verhaltens des Vermittlers der Vertragspartner nicht vor Aufklärungsversäumnissen geschützt ist. Dabei wird aber übersehen, dass selbst bei unterstellter Beauftragung des Vermittlers mit der Aufklärung das Kreditinstitut nicht von seiner Pflicht zur Aufklärung entbunden ist. Denn eine schuldbefreiende Übertragung von Aufklärungspflichten auf den Vermittler gibt es nicht[164]. Wenn aber das Kreditinstitut sich nicht des Vermittlers zur Aufklärung bedient, bleibt es erst recht selbst zur Aufklärung, wie oben dargestellt[165], verpflichtet. Nimmt man also an, die Bank bediene sich nicht des Vermittlers, um ih-

---

[162] Wie hier im Ergebnis auch OLG Düsseldorf, WM 1993, 2207, 2209; OLG Nürnberg, ZIP 2000, 267, 268. A. A.: LG Nürnberg/Fürth, WM 2000, 2153, 2155; OLG Köln, WM 1997, 197, 201; OLG Braunschweig, WM 1998, 1223, 1229, wonach eine Zurechnung ausscheidet, wenn die Tätigkeit des Vermittlers nicht über eine Ausfüll- und Botentätigkeit hinausgeht.

[163] Vgl. *Lambsdorff/Stüsser*, VuR 2001, 3, 4 m. w. Nachw. (vgl. dort Fn. 8).

[164] So auch *Medicus*, Bankrecht 2000, 259, 268. Soweit das Fehlverhalten des Vermittlers in der unterlassenen Aufklärung besteht, kommt der Frage der Zurechnung daher keine praktische Relevanz zu.

[165] Vgl. I. und II. .

rer Aufklärungspflicht zu genügen, verschlechtert sich die Situation des Darlehensnehmers, was Aufklärungspflichten der Bank betrifft, durch die Einschaltung des Vermittlers nicht.

Vertritt man die Auffassung, dass die Bank sich des Vermittlers nicht zur Erfüllung von vorvertraglichen Aufklärungspflichten bedient, scheidet eine unmittelbare Anwendung des § 278 BGB aus. In Betracht kommt in diesem Fall eine analoge Anwendung der Vorschrift. Eine Zurechnung des Verhaltens des Vermittlers gründet auf den Gedanken, dass die Bank sich des Vermittlers zur Herbeiführung des Vertragsabschlusses bedient[166].

Die Frage, ob die Bank sich des Vermittlers zur Aufklärung des Darlehensnehmers oder zur Herbeiführung des Vertragsabschlusses bedient, braucht nicht entschieden zu werden. In beiden Fällen scheitert eine Zurechnung von täuschenden Aussagen des Vermittlers, die sich auf die wirtschaftliche Vorteilhaftigkeit des Gesamtprojekts beziehen, daran, dass der Schuldner für schuldhafte Handlungen des Erfüllungsgehilfen **bei Gelegenheit der Vertragserfüllung nicht haftet**. Voraussetzung für einen aus einem schuldhaften Verhalten des Gehilfen resultierenden Anspruch gegen den Geschäftsherrn ist, dass die Pflichtverletzung in einem inneren sachlichen Zusammenhang mit der übertragenen Tätigkeit steht. Daran fehlt es aber, wenn der mit der Anbahnung des Kreditvertrages beauftragte Vermittler sich etwa zu der Frage der zu erzielenden Mieteinnahmen äußert, oder wenn im Rahmen von Modellrechnungen Steuerersparnisse in Aussicht gestellt werden, die nicht realistisch sind. Die Rechtsprechung teilt diese Auffassung im Ergebnis. Nicht exakt ist jedoch die Formulierung, nach der eine Zurechnung ausscheidet, weil der Vermittler sich mit der getroffenen Aussage nicht im Pflichtenkreis der Bank bewegt habe[167]. Dabei wird nämlich übersehen, dass wenn die Bank die Anbahnung des Darlehensvertrages selbst übernehmen würde,

---

[166] Vgl. *Lambsdorff/Stüsser*, VuR 2001, 3, 4.
[167] BGH, WM 2000, 1685, 1686: Die Zeichner wollten über § 278 BGB eine Pflichtverletzung der Bank aus dem Umstand ableiten, dass der Vermittler nicht darüber aufgeklärt hatte, dass nur etwa 75% der in den Immobilienfonds fließenden Gelder für die Immobilie selbst verwendet wurden. Vgl. auch OLG Zweibrücken, WM 2000, 2150, 2152 und WM 1999, 2022, 2023: „Insoweit hätte der Vermittler aber ausschließlich im Interesse der Verkäuferin und/oder Vertreiberin der Wohnanlage bzw. im eigenen Provisionsinteresse für sich selbst und gerade nicht als Erfüllungsgehilfe der beklagten Bank gehandelt". Ebenso OLG Frankfurt, WM 2000, 2135, 2138; OLG Köln, WM 1999, 1817, 1818; OLG Karlsruhe, Urt. v. 16.12.1999, AZ: 19 U 66/99, n. v., Revision BGH XI ZR 10/00, S. 11 des Urt.; LG Itzehoe, Urt. v. 15.03.2000, AZ: 2 O 267/99, n. v., S. 6 des Urt. .

es auch zu ihren Pflichten gehören würde, täuschende Angaben über die finanzierte Fondsbeteiligung zu unterlassen.

Ebenso ist auch hinsichtlich der Aussage des Vermittlers zu entscheiden, aufgrund der zu erwartenden Einnahmen und Steuerrückvergütungen seien nur zu einem geringen Teil eigene Mittel zur Rückführung des Darlehens erforderlich[168]. Die ermittelten Zahlen stellen nur die logische Konsequenz aus der zuvor erörterten Renditeberechnung dar, worüber die Bank eben nicht aufklärungspflichtig ist. Dies verkennt *Stüsser*[169]. Entgegen seiner Auffassung bezieht sich diese Aussage nicht auf den Inhalt des Darlehensvertrages. Die aus dem Darlehensvertrag resultierende Verpflichtung bleibt schließlich unverändert[170].

Selbst wenn man der weitergehenden Ansicht folgt, nach der § 278 immer angewandt werden sollte, wenn dem Gehilfen die Schädigung durch die übertragene Tätigkeit erheblich erleichtert wird[171], ist eine Täuschung des Vermittlers der Bank nicht zuzurechnen. Davon, dass die Schädigung des Zeichners durch die Beauftragung der Bank erleichtert wird, könnte nämlich nur dann die Rede sein, wenn der Kontakt zwischen Vermittler und Zeichner über die Bank hergestellt würde. Tatsächlich ist in den vorliegenden Fällen aber davon auszugehen, dass der Vermittler sich auch ohne die Übertragung der Darlehensvermittlung an den potentiellen Zeichner gewandt hätte, so dass es auch in diesem Fall zu der täuschenden Handlung gekommen wäre. Anders wäre nur zu entscheiden, wenn die Bank dem Vermittler Namen und Anschrift möglicher Zeichner mitteilt, die der Vermittler nicht auf Grund „eigener Recherche" ausfindig gemacht hätte. Eine solche Konstellation ist aber in der Praxis bislang nicht vorgekommen.

Im Zusammenhang mit der Frage, ob eine Bank sich das Verhalten des Vermittlers zurechnen lassen muss, wird seitens der Zeichner regelmäßig Judikatur angeführt, aus der sich ergeben soll, dass eine Zurechnung zu bejahen sei, auch wenn die unzutreffenden Angaben in keinem inneren sachlichen Zusammenhang mit der übertragenen Tätigkeit stünden[172]. Dies soll nachfolgend überprüft werden.

---

[168] OLG Stuttgart, WM 2000, 292, 298 f.; OLG Dresden, Urt. v. 19.09.2000, AZ: 15 U 1287/00, n. v., Revision BGH XI ZR 300/00, S. 26 des Urt. .
[169] NJW 1999, 1586, 1587.
[170] Vgl. hierzu die Anmerkungen unter I. 1. .
[171] Vgl. *Heinrichs*, in Palandt, § 278, Rdnr. 19 m. w. Nachw. .
[172] Vgl. BGH, WM 2000, 1685, 1686.

Im sog. Bausparkassen-Fall[173] hat der BGH einer Bausparkasse das Fehlverhalten eines Vermittlers zugerechnet. Dieser hatte den Darlehensnehmern erklärt, um das Darlehen zur Finanzierung des bereits von Ihnen bewohnten Hauses zu erhalten, müssten sie zunächst zusätzlich eine vermietete Eigentumswohnung erwerben, um so eine weitere Möglichkeit grundbuchlicher Absicherung bieten zu können. Dieses Fehlverhalten des Vermittlers, welches in dem für den Darlehensnehmer mit Risiken verbundenen Vorschlag und dem anschließenden Unterlassen der Aufklärung über die Risiken dieser „speziellen Finanzierungsmethode" zu sehen ist, muss die Bank sich zurechnen lassen. Denn der Vorschlag des Vermittlers bezieht sich nicht auf die Verwendung des Darlehens, sondern auf den Inhalt des Kreditvertrages[174]. Der sachliche Zusammenhang mit der übertragenen Tätigkeit ist demnach gegeben.

Aus dem gleichen Grund wurde zu Recht durch den BGH die Haftung einer Lebensversicherungsgesellschaft angenommen, weil deren Vermittler vorgeschlagen hatte, bei einer Schweizer Bank einen Kredit aufzunehmen und damit eine Kapitallebensversicherung zu finanzieren, ohne darauf hin zu weisen, dass der für das Darlehen zu entrichtende Anfangszinssatz unweigerlich zu einem Verlust führen musste und dass die Lebensversicherung nur unter der Bedingung einen Gewinn bringen konnte, dass das Schweizer Zinsniveau künftig fallen würde[175]. Die Aussage des Vermittlers zur Finanzierung bezog sich auf das Anlagegeschäft und war daher der Lebensversicherungsgesellschaft zuzurechnen.

In diesem Zusammenhang ist auch das Urteil des BGH vom 14.11.2000 relevant[176]:

Die Kläger benötigten hier einen Kleinkredit i. H. v. 6.000 DM. Der Vermittler schlug vor, zwei vermietete Eigentumswohnungen für insgesamt 336.578 DM zu kaufen und die Kaufpreise durch einen Kredit der Beklagten im Rahmen ihres sog. „Flexi-Programms" – Vorausdarlehen in Verbindung mit einem Bausparvertrag – zu finanzieren. Nach Durchführung der Kaufverträge würden sie durch die Beklagte 26.000 DM zur frei-

---

[173] BGH, WM 1996, 2105.

[174] So im Ergebnis auch *Streit*, ZIP 1999, 477, 481; zur Begründung der Aufklärungspflicht eines Kreditinstituts über den Kredit verteuernde „Konstruktionen", die für den durchschnittlichen Darlehensnehmer nicht ohne weiteres zu überblicken sind, vgl. die Anmerkungen zu OLG Düsseldorf, unter II. 2. e), Fn. 157.

[175] BGH, WM 1998, 1673.

[176] BGH, WM 2000, 2539.

freien Verfügung erhalten. Die Kläger gingen auf den Vorschlag des Vermittlers ein. Später fochten sie den Darlehenvertrag wegen arglistiger Täuschung mit der Begründung an, die Beklagte habe ihr den Betrag von 26.000 DM nicht zur Verfügung gestellt; zudem sei in der Prognoseberechnung des Vermittlers die monatliche Belastung unzutreffend angegeben.

Der BGH hat entschieden, dass aufgrund der wirksamen Anfechtung der Kläger eine Verpflichtung aus dem Darlehensvertrag nicht besteht. Zur Begründung wird ausgeführt, dass wenn die Beklagte die Vorgespräche selbst geführt hätte, sie für unrichtige Angaben über die monatliche Belastung sowie für die Erklärung hätte einstehen müssen, nach Durchführung der von ihr finanzierten Kaufverträge erhielten die Kläger 26.000 DM. Da der Vermittler mit Wissen und Wollen der Beklagten Aufgaben übernommen habe, die typischerweise ihr oblegen hätten, er somit in ihrem Pflichtenkreis tätig geworden sei, müsse sich die Beklagte das Verhalten des Vermittlers zurechnen lassen[177]. Auch dieser Entscheidung ist zuzustimmen, weil die Aussagen des Vermittlers sich auf den Inhalt des Kreditvertrages bezogen.

Schließlich gehört in diesen Zusammenhang auch der Fall, in dem Arbeitnehmern eine durch die klagende Bank finanzierte Beteiligung an ihrem Unternehmen angeboten wurde, wobei die beteiligten Arbeitnehmer nach Auffassung des BGH weitgehend im Unklaren darüber gelassen wurden, dass sie in diesem Modell letztlich selbst Kreditnehmer wurden. Der BGH führte aus, dass dem Gesellschafter der Arbeitgeberin, dessen Verhalten sich die Bank nach § 278 BGB zurechnen lassen müsse, fahrlässig irreführende, das Risiko des „Modells der Vermögensbildung“ verschleiernde Angaben zur Last fielen. Im einzelnen kritisierte das Gericht, dass die Arbeitgeberin bei den Arbeitnehmern die Fehlvorstellung erweckt habe, die geplante „Vermögensbildung in Arbeitnehmerhand“ betreffe, wie in einem Firmenrundschreiben näher dargelegt, ausschließlich Leistungen der Arbeitgeberin an die Arbeitnehmer in Form von Bereitstellung zusätzlicher Vermögenswerte. Demgegenüber sei in den Hintergrund getreten, dass die Leistung der Arbeitgeberin eine Gegenleistung der Arbeitnehmer voraussetzte, nämlich das Einbringen als Einlage der auf eigene Gefahr und mit persönlicher Haftung aufgenommenen Darlehensbeträge in die Firma[178].

---

[177] BGH, WM 2000, 2539, 2540.
[178] BGHZ 72, 92, 97.

Konkret sah das Gericht die Pflichtverletzung des Verhandlungsgehilfen darin, dass er bei den dem Abschluss der Gesellschafts- und Kreditverträge vorausgehenden Besprechungen erklärte, die Firma werde die gesamten Lasten der „Vermögensbildung in Arbeitnehmerhand“ tragen; es sei nichts zu befürchten. Weiter sei in einem Rundschreiben irreführend die Rede davon, dass die Firma das von ihr einzuzahlende Geld „refinanzieren“ werde und dass sie die Gesamtkosten des aufgenommenen Geldes übernehmen werde[179].

Dass eine Bank verpflichtet ist, über die Eigenschaft als Kreditnehmer aufzuklären bzw. diesen Umstand verschleiernde Aussagen zu unterlassen, steht außer Frage, da diese Tatsache den Inhalt des Darlehensvertrages betrifft. Daher bewegten sich die Gesellschafter in dem durch die Bank zugewiesenen Aufgabenbereich. Dies verkennt *Ahr*[180], nach dem das Urteil die formale äußere Trennung von Darlehensvertrag und finanziertem Geschäft nicht beachte. Dass der Begriff „Pflichtenkreis“ nicht exakt auf die tatsächlich zu klärende Frage hinweist, wurde bereits dargestellt. Insofern ist der Kritik von *Ahr* zuzustimmen. Zu Unrecht gelangt er jedoch zu dem Schluss, damit würde ein Sonderrecht für Banken geschaffen. Dass ein Verhalten des Erfüllungsgehilfen dem Geschäftsherrn nur zugerechnet wird, wenn ein innerer sachlicher Zusammenhang zwischen der übertragenen Tätigkeit und dem Fehlverhalten des Erfüllungsgehilfen besteht, wird von einer starken Meinung für alle Fälle der Einschaltung eines Erfüllungsgehilfen angenommen[181].

IV. Verwirkung

Die mit Schadensersatzansprüchen von Darlehensnehmern konfrontierten Kreditinstitute wenden regelmäßig ein, die Ansprüche – sofern überhaupt welche bestünden – seien verwirkt.

In einer Entscheidung vom 19.09.2000[182] hat das OLG Frankfurt entschieden, dass mögliche Schadensersatzansprüche des Erwerbers einer Eigentumswohnung gegen die finanzierende Bank wegen Verletzung von Aufklärungspflichten verwirkt seien. Zur Begründung führt das Ge-

---

[179] BGHZ 72, 92, 98.
[180] VuR 2000, 263, 265.
[181] Vgl. *Hanau*, in MüKo, § 278, Rdnr. 31 ff. . Dass auch nach der Auffassung, nach der von einer Zurechnung auszugehen ist, wenn dem Gehilfen das Fehlverhalten erleichtert wurde, in den hier zu besprechenden Fällen eine Zurechnung nicht in Betracht kommt, wurde bereits ausgeführt.
[182] AZ: 8 U 84/00, n. v., Revision BGH XI ZR 335/00.

richt aus, das Verhalten der Kläger stelle sich als widersprüchlich dar. Auf der einen Seite legten sie der Bank nicht nur culpa in contrahendo und positive Vertragsverletzung, sondern auch unerlaubte Handlung, sittenwidrige Schädigung und Betrug i. S. von § 263 StGB bei Abschluss des Darlehensvertrages im März/April 1993 zur Last, auf der anderen Seite hätten sie aber diesen Vertrag erfüllt, wobei zumindest seit 1995 die vollständige Kenntnis der relevanten Tatsachen anzunehmen sei. Damit sei sowohl das Zeit- als auch das Umstandsmoment für eine Verwirkung erfüllt. Die Kläger wären nicht nur über einen längeren Zeitraum von drei bis vier Jahren hinsichtlich der Geltendmachung ihrer Ansprüche untätig gewesen, sondern hätten die Annahme der Bank von der Wirksamkeit des gemeinsamen Vertrages auch noch durch ihre Erfüllungshandlungen bestätigt. Die Bank sei dadurch zu dem Prolongationsangebot veranlasst worden, was sie bei rechtzeitiger Geltendmachung der Ansprüche durch die Kläger nicht abgegeben hätte. Vielmehr hätte sie sich dann auf die Verteidigung gegen solche Ansprüche einstellen sowie die Rückzahlung der Darlehensvaluta verlangen und die Realisierung dieses Anspruchs einleiten können[183].

Die Verwirkung ist ein Unterfall der wegen Verstoßes gegen Treu und Glauben unzulässigen Rechtsausübung. Ein Recht ist verwirkt, wenn es illoyal verspätet geltend gemacht wird[184]. Da es sich bei der Verwirkung um einen außerordentlichen Rechtsbehelf handelt, dessen Rechtswirkung auf Ausnahmefälle zu beschränken ist[185], müssen – damit von einer Verwirkung ausgegangen werden kann - zu dem Zeitmoment besondere auf dem Verhalten des Berechtigten beruhende Umstände hinzutreten die das Vertrauen des Verpflichteten rechtfertigen, der Berechtigte werde seinen Anspruch nicht mehr geltend machen[186].

Dem Urteil des OLG Frankfurt[187] kann bereits deswegen nicht zugestimmt werden, weil nach der hier vertretenen Auffassung ein Anspruch der Darlehensnehmer gegen die beklagte Bank auf Schadensersatz nach den Grundsätzen der cic insofern nicht besteht, als die durch die Darlehensnehmer gerügten Angaben sich sämtlich auf das Objekt beziehen. So hatten die Darlehensnehmer z. B. vorgetragen, ihnen sei versprochen worden, die Darlehensrückführung erfolge im Wesentlichen

---

[183] OLG Frankfurt, a. a. O., S. 15 f. des Urt., unter Hinweis auf OLG Frankfurt, WM 1997, 27, 31.
[184] BGHZ 105, 291, 298.
[185] *Werner*, in Erman, § 242, Rdnr. 85.
[186] BGH, a. a. O. .
[187] Fn. 182.

durch Mieteinnahmen und Steuervorteile; zudem liege der Kaufpreis der Eigentumswohnung 100 % über dem Verkehrswert. Mangels eines gegen die Bank gerichteten Anspruchs kommt eine Verwirkung nicht in Betracht.

Davon abgesehen führt auch die im Rahmen der Beantwortung der Frage, ob Verwirkung eingetreten ist, erforderliche **Abwägung der Interessen** der Vertragspartner zu dem Ergebnis, dass in dem vorliegenden Fall nicht von einer Verwirkung auszugehen ist.

Zwar hatten die Darlehensnehmer nicht nur den Darlehensvertrag über einen Zeitraum von fünf Jahren vollständig erfüllt, sondern mit der Bank auch noch eine Prolongationsvereinbarung getroffen, in deren Folge sie weitere fünf Monate die vereinbarten Zahlungen leisteten. Doch reicht allein dieser Umstand nicht aus, das Vertrauen der Bank als schützenswert einzustufen. Die Mehrzahl der Argumente sprach eher dafür, den Interessen der Darlehensnehmer an dem Erhalt und der Durchsetzung der – unterstellten – formalen Rechtsposition Vorrang einzuräumen.

Dabei war vor allem der Umstand zu berücksichtigen, dass es sich bei der Frage, ob Ansprüche gegen eine den Erwerb eines Immobilienfonds finanzierende Bank bestanden, um eine rechtlich höchst problematische Frage handelte. Hätten die Darlehensnehmer die Zahlungen der vereinbarten Darlehensraten verweigert, wäre durch das Kreditinstitut zwangsläufig der Klageweg beschritten worden. Denn ein Stillhalten der Bank wäre durch die Darlehensnehmer als Eingeständnis gewertet worden, dass bei der Finanzierung des Immobilienerwerbs Fehler unterlaufen waren. Dies hätte für die Bank das Risiko nach sich gezogen, dass auch andere Erwerber die Zahlungen wegen angeblicher Pflichtverletzungen der Bank verweigerten. Dieses Risiko ist den Banken bekannt. Vor allem ist den Banken bewusst, dass die Erwerber von Eigentumswohnungen bzw. von Anteilen eines Fonds über das Verhalten der finanzierenden Bank gegenüber anderen Zeichnern des gleichen Fonds in Eigentümer- bzw. Gesellschafterversammlungen informiert werden. Über diese Situation der Bank sind auch die Darlehensnehmer informiert. Sie wissen also, welche Folgen eine Zahlungsverweigerung hat.

Das Risiko des Unterliegens in einem möglichen Prozess aber, der bei Zahlungsverweigerung durch die Darlehensnehmer durch die Bank angestrengt worden wäre, und damit auch das Risiko der in solchen Fällen nicht unerheblichen Kosten, war für die Darlehensnehmer – auch nach entsprechender Beratung – schwer abzuschätzen. Dass es dieses Risiko war, das die – im Vergleich zur Bank geschäftlich und rechtlich unerfahrenen und wirtschaftlich unterlegenen – Darlehensnehmer zunächst zu einer vertragstreuen Haltung bewog, musste auch der Bank klar sein. Zwar ist dem OLG Frankfurt darin zuzustimmen, dass die Kenntnis über das Bestehen des Anspruchs nicht notwendige Vorraussetzung für eine Verwirkung ist[188]. Dennoch ist im Rahmen der Interessenabwägung zu Gunsten des Berechtigten zu berücksichtigen, wenn der Berechtigte keine Kenntnis von dem Anspruch hatte bzw. seine Unkenntnis nicht auf Fahrlässigkeit beruhte.

Ebenso ist zu Gunsten der Darlehensnehmer die Tatsache zu berücksichtigen, dass die Darlehensnehmer sich in einer notariellen Urkunde der sofortigen Zwangsvollstreckung unterworfen hatten. Weil die Darlehensnehmer i. d. R. nicht in der Lage sind, den Gesamtbetrag (unter Vorbehalt) an die Bank zurückzuzahlen, konnte eine Einstellung der Zahlungen an die Bank aus Sicht der Darlehensnehmer u. U. aber die Vollstreckung in deren persönliches Vermögen auslösen. Auch dies dürfte die Darlehensnehmer zunächst von der Aufnahme eines Rechtsstreits abgehalten haben.

Gegen eine Verwirkung spricht schließlich die Höhe des Darlehens[189]. Angesichts eines derart bedeutenden Anspruchs, gerichtet auf Rückzahlung der bereits geleisteten und Freistellung von den noch zu leistenden Raten, kann eine Bank grundsätzlich nicht darauf vertrauen, der Vertragspartner werde von einem Anspruch keinen Gebrauch machen.

Umgekehrt war im Rahmen der Interessenabwägung auch zu berücksichtigen, ob die Bank ihrerseits eine Vertrauensdisposition vorgenommen hatte. Grundsätzlich kann auch die schlichte Nichtleistung an den Gläubiger eine Vertrauensdisposition darstellen, etwa dann, wenn der Schuldner in der berechtigten Erwartung, er werde nicht mehr in Anspruch genommen, keine Rücklage vorsieht, sich also darauf eingerichtet hat, er werde nicht mehr leisten müssen[190]. Weil aber – wie dargestellt – beachtliche Argumente für die Position der Berechtigten, also der Darlehensnehmer, und damit gegen eine Verwirkung sprechen, wäre im vorliegenden Fall allenfalls dann an eine Verwirkung zu denken, wenn die Bank eine **Vertrauensdisposition** von einigem Gewicht aufweisen

---

[188] Vgl. S. 15 f. des Urteils.

[189] Der Darlehensbetrag belief sich auf 132.000 DM. Auch nach BGH, WM 1966, 1104, 1107 tritt Verwirkung bei wirtschaftlich bedeutsamen Geschäften weniger leicht ein.

[190] *Teichmann*, in Soergel, § 242, Rdnr. 321 m. w. Nachw. .

könnte. Diese Voraussetzung wäre dann gegeben, wenn die Bank im Vertrauen darauf, nicht in Anspruch genommen zu werden, Dispositionen vorgenommen hätte, die sich – wenn die Bank nun doch in Anspruch genommen würde – als materiell nachteilig im Vergleich zu der bei Unterlassen der Disposition gegebenen Situation herausstellen würden[191].

Davon kann im vorliegenden Fall jedoch nicht die Rede sein. Zu Unrecht erwähnt das OLG Frankfurt in diesem Zusammenhang die Tatsache, dass die Darlehensnehmer die Bank durch die Erfüllungshandlungen zu dem Prolongationsangebot veranlasst hätten[192]. Dadurch, dass das Darlehen prolongiert wurde, ist der Bank kein materieller Nachteil entstanden. Denn bei an Stelle der Prolongation ausgesprochener Kündigung mit anschließender Realisierung des Rückzahlungsanspruchs stünde die Bank nicht besser, als dies auf Grund der Prolongation der Fall ist.

Denn hätte die Bank auf Grund einer Zahlungsverweigerung der Darlehensnehmer das Darlehen gekündigt, wäre im günstigsten Fall durch die Darlehensnehmer eine Zahlung über die Restschuld (unter Vorbehalt) erfolgt. Hätte sich heraus gestellt, dass die Bank tatsächlich Schadensersatz zu leisten hat, wäre sie verpflichtet gewesen, den Gesamtbetrag der an sie geleisteten Zahlungen an die Darlehensnehmer zurück zu erstatten.

Im Ergebnis erhält eine Bank, wenn ein Darlehensnehmer einen Schadensersatzanspruch aus cic hat, keine Leistungen des Darlehensnehmers aus dem Darlehensvertrag, wobei es gleichgültig ist, ob zum Zeitpunkt der Geltendmachung des Anspruchs aus cic die Bank das Darlehen bereits gekündigt und darauf hin den gesamten Darlehensbetrag erhalten hat (mit der Folge der Rückzahlungspflicht der Bank) oder ob bis zu diesem Zeitpunkt das Darlehen bedient wurde, so dass die Bank die gezahlten Raten zurückzuzahlen hat und der Darlehensnehmer von der Zahlung der restlichen Raten freigestellt wird[193].

---

[191] Allgemeines Beispiel für eine solche Vermögensdisposition ist das Unterlassen von Regressansprüchen gegen Dritte, weil mit der eigenen Inanspruchnahme nicht mehr gerechnet wurde.
[192] Vgl. S. 16 der Urteilsgründe.
[193] Der Zinsvorteil kann hier vernachlässigt werden, weil nur Vermögensdispositionen „von einigem Gewicht“ zu berücksichtigen sind.

C. Anspruch auf Schadensersatz

Wenn ein Anspruch auf Schadensersatz besteht, ist der Darlehensnehmer so zu stellen, wie er bei sachgerechter Aufklärung gestanden hätte, § 249 Satz 1 BGB. Zwar trägt der Darlehensnehmer grundsätzlich den Beweis dafür, dass durch die Pflichtverletzung der Schaden eingetreten ist, wobei in den vorliegenden Fällen der Schaden darin besteht, dass es zum Abschluss des betreffenden Kreditvertrages gekommen ist. Weil aber der Zweck von Aufklärungspflichten auch darin besteht, Klarheit darüber zu schaffen, ob der Vertragsgegner, wenn ihm das jeweilige Risiko in seiner ganzen Tragweite bewusst gemacht wird, trotzdem an der ins Auge gefassten Maßnahme festhalten will, ist es angemessen, demjenigen, der die vertragliche Hinweispflicht verletzt, auch das Risiko der Unaufklärbarkeit des Ursachenzusammenhangs aufzubürden[194]. Im Ergebnis wird also vermutet, dass sich der Darlehensnehmer aufklärungsrichtig verhalten, also den Darlehensvertrag nicht abgeschlossen hätte[195]. Voraussetzung für diese Annahme, und dies wird zum Teil nicht angesprochen[196], ist jedoch, dass der Darlehensnehmer zu dem Zeitpunkt, zu dem die Aufklärung durch die Bank hätte erfolgen müssen, nicht bereits unwiderruflich den Beitritt zu der Fondsgesellschaft erklärt hatte.

Dies bedeutet, dass der Darlehensnehmer gegen die Bank einen Anspruch auf Rückerstattung der gezahlten und Freistellung von den noch nicht entrichteten Raten verlangen kann. Umgekehrt muss der Darlehensnehmer sich im Wege der Vorteilsausgleichung alle Vorteile, die er auf Grund des finanzierten Erwerbs des Fondsanteils erlangt hat, anrechnen lassen. Dazu zählen neben dem Wert des Fondsanteils und den erzielten Mieteinnahmen insbesondere auch die steuerlichen Vorteile, die der Zeichner durch die Beteiligung an dem Immobilienfonds erlangt hat.

---

[194] Vgl. BGHZ 61, 118, 121 f. .
[195] Vgl. OLG Karlsruhe, ZIP 1998, 1711, 1713.
[196] Vgl. *Spickhoff/Petershagen*, BB 1999, 165, 169: „Bei pflichtgemäßer Aufklärung ist in den hier in Rede stehenden Konstellationen davon auszugehen, dass es weder zum Abschluss des Darlehensvertrages noch zum Erwerb der Immobilie gekommen wäre".

D. Zusammenfassung

I. Bei der Bestimmung der Aufklärungspflichten der Bank ist auf den Zweck des Darlehensvertrages abzustellen. Nur so ist ein angemessener Interessenausgleich zwischen der Bank und dem Darlehensnehmer, für den u. U. eine Vielzahl von über den Vertragszweck hinaus gehenden Kriterien entscheidungsrelevant ist, möglich.

II. Der Zweck des Darlehensvertrages besteht darin, dem Darlehensnehmer für eine bestimmte Zeit Kaufkraft zu bestimmten Bedingungen zur Verfügung zu stellen. Eine Aufklärungspflicht hat daher grundsätzlich nur über die Bedingungen der Darlehensaufnahme zu erfolgen.

III. Ausnahmsweise ist die Bank zur Aufklärung hinsichtlich über den Vertragszweck hinaus gehenden Kriterien verpflichtet, wenn aus Sicht der Bank der Darlehensnehmer mit einem für die Entscheidung zum Erwerb relevanten Kriterium nicht rechnen muss oder aber der Darlehensnehmer trotz Ausschöpfen aller ihm zur Verfügung stehenden Mittel nicht an die betreffende Information gelangen kann.

Abschnitt III

Auswirkungen der Nichtigkeit der Vollmacht zum Abschluss des Darlehensvertrages

Es wurde bereits dargestellt, dass die Zeichner u. a. mit dem Argument geworben werden, sie bräuchten sich um nichts zu kümmern. Sowohl die mit der Errichtung und der Verwaltung der Immobilie als auch die mit der Finanzierung zusammenhängenden Aufgaben würden durch den Vermittler bzw. einen durch den Darlehensnehmer zu beauftragenden Treuhänder/Bevollmächtigten übernommen. Die Zeichner gehen in fast allen Fällen auf diesen Vorschlag ein. Entsprechend werden in der Praxis die Verträge hinsichtlich der Darlehen, die der Finanzierung des Erwerbs der Anteile an den Fonds dienen, i. d. R. nicht durch den Zeichner selbst, sondern durch Bevollmächtigte abgeschlossen.

Häufig wenden die Darlehensnehmer gegen die Inanspruchnahme aus den Darlehensverträgen ein, die Vollmacht zum Abschluss des jeweiligen Kreditvertrages sei wegen Verstoßes gegen Formvorschriften unwirksam, so dass eine Verpflichtung ihrerseits aus dem Handeln der jeweiligen „Bevollmächtigten“ nicht entstanden sei. Die Darlehensnehmer berufen sich zum einen auf die Vorschriften des Verbraucherkreditgesetzes, zum anderen auf das Rechtsberatungsgesetz.

Nach § 492 Abs. 4 Satz 1 BGB bedarf die Vollmacht zum Abschluss eines Verbraucherkreditvertrages der für den Kreditvertrag vorgesehenen Form. Diese Vorschrift gilt jedoch nur für ab dem 01.01.2002 erteilte Vollmachten, Art. 229, § 5 EGBGB. Weil die zum jetzigen Zeitpunkt den Gerichten zur Beurteilung vorliegenden Vollmachten vor diesem Zeitpunkt erteilt wurden, ist über deren Wirksamkeit auf der Grundlage der Bestimmungen des VerbrKrG zu entscheiden.

A. Formerfordernisse nach dem Verbraucherkreditgesetz

I. Formerfordernisse nach § 4 Abs. 1 VerbrKrG

Gem. § 4 Abs. 1 Satz 1 VerbrKrG bedurfte der Kreditvertrag der Schriftform. Nach § 4 Abs. 1 Satz 4 Nr. 1 VerbrKrG musste der Kreditvertrag bestimmte Angaben über die Kreditbedingungen enthalten. Die Frage, ob bei Einschalten eines Bevollmächtigten auch die Vollmacht den Anforderungen des § 4 VerbrKrG genügen muss, wird nicht einheitlich beantwortet.

Nach § 1 Abs. 1 VerbrKrG galt das Verbraucherkreditgesetz für Kreditverträge und Kreditvermittlungsverträge zwischen einer Person, die in Ausübung ihrer gewerblichen oder beruflichen Tätigkeit einen Kredit gewährte oder vermittelte oder nachwies und einem Verbraucher. Da die hier zu untersuchende Vollmachtserteilung weder das Verhältnis zwischen einem Verbraucher und einem Kreditgeber/Kreditvermittler betrifft noch es sich bei einer Vollmachtserteilung um einen Kreditvertrag, Kreditvermittlungsvertrag oder eine sonstige Finanzierungshilfe handelt, ist dem Verbraucherkreditgesetz keine ausdrückliche Regelung hinsichtlich der zu beurteilenden Fragestellung zu entnehmen.

Alleiniger gesetzlicher Anknüpfungspunkt für die Beantwortung der Frage nach der Formbedürftigkeit der Vollmacht ist daher § 167 Abs. 2 BGB. Danach bedarf die Erteilung der Vollmacht nicht der Form, die für das Rechtsgeschäft bestimmt ist, auf das sich die Vollmacht bezieht[1]. Die Regelung ist Ausdruck des Repräsentationsprinzips, wonach der Bevollmächtigte den Vollmachtgeber auch in der Willensentscheidung repräsentiert, sowie des Abstraktionsgrundsatzes, also der Trennung zwischen Vollmachtserteilung und Vertretergeschäft[2].

Rösler weist allerdings zutreffend darauf hin, dass die in § 167 Abs. 2 BGB getroffene Regelung der Bedeutung zahlreicher Formvorschriften des Zivilrechts nicht entspreche. Die starre, pauschale Regelung in § 167 Abs. 2 BGB bezieht sich dogmatisch klar auf die Trennung von Vollmacht und Vertretungsgeschäft. Dabei bleibt unberücksichtigt, dass die Vollmacht erst durch die Ausübung des Vertretergeschäfts einen rechtstatsächlichen Sinn erlangt. Die Kritik in der Literatur hat vielfach daran angeknüpft, dass die Regelung in § 167 Abs. 2 BGB lediglich auf die Beweisfunktion der Formvorschriften abstelle und die Warnfunktion zu wenig berücksichtigt[3].

Ebenso ist den Anmerkungen *Röslers*[4] zum Umfang der Einschränkung zuzustimmen. Danach führt eine pauschale Aushebelung des § 167 Abs.

---

[1] Zu den gesetzlichen Ausnahmen von der Formfreiheit der Vollmacht, vgl. *Sauer*, BB 2000, 1793, unter II. 2. a) .
[2] Vgl. *Löhnig*, VuR 1999, 147; *Horn/Balzer*, WM 2000, 333, 339 m. w. Nachw. .
[3] NJW 1999,1150 m. w. Nachw. .
[4] NJW 1999,1150 f. .

2 BGB gegen den ausdrücklichen Wortlaut des Gesetzes weder zu sachgerechten Ergebnissen, noch ist sie aus sonstigen Gründen gerechtfertigt. Der Bevollmächtigte wird als Stellvertreter des Vollmachtgebers von den Formvorschriften ausreichend geschützt. Nach der gesetzlichen Systematik der §§ 164 ff. BGB ist der Vertreter Repräsentant des Vollmachtgebers. So kommt es allein auf dessen Kenntnis und Unkenntnis an, das Wissen des Vertreters ist dem Vertretenen nach §§ 166 Abs. 1 BGB zuzurechnen. Die Intention der §§ 164 ff. BGB, den Rechtsverkehr zu erleichtern, findet ihre praktische Anwendung darin, dass im Falle der Vollmachtserteilung sich diese nicht notwendig auch auf den Inhalt und die Ausgestaltung des Vertretergeschäfts beziehen muss, soweit dessen Einzelheiten überhaupt schon bekannt sind. Allerdings kann im Einzelfall eine teleologische Reduktion des § 167 Abs. 2 BGB notwendig sein. Eine solche setzt voraus, dass eine vom Gesetzgeber unterlassene Differenzierung entweder durch den Sinn und Zweck der einzuschränkenden Norm selbst oder durch den vorrangigen Zweck anderer Normen angezeigt ist, der sonst nicht erreicht würde[5].

Die Beantwortung der Frage, ob eine Vollmacht zum Abschluss eines Darlehensvertrages der Form des § 4 VerbrKrG bedarf, richtet sich folglich danach, ob der Vorschrift des § 4 Abs. 1 VerbrKrG im Hinblick auf den mit ihr verfolgten Zweck Vorrang einzuräumen ist vor derjenigen des § 167 Abs. 2 BGB. Was den Zweck des § 4 Abs. 1 VerbrKrG betrifft, ist zu unterscheiden zwischen der Schriftform, welche in Satz 1 - 3 geregelt ist, und den in Satz 4 bestimmten Angaben.

1. Schriftformerfordernis, § 4 Abs. 1 Satz 1- 3 VerbrKrG

a) Zweck: Warnfunktion

Der Zweck des Schriftformerfordernisses besteht darin, den Darlehensnehmer im Hinblick auf die Risiken des in Rede stehenden Geschäfts vor übereilten Entschlüssen und Bindungen zu warnen und ihm die Tragweite seiner Erklärung vor Augen zu führen[6]. Dies verdeutlicht auch die Begründung zum Regierungsentwurf[7], wonach die durch Art. 4 Abs. 1 Satz 1 der Richtlinie angeordnete Schriftform neben der Sicherung der zutreffenden Informationen über die wesentlichen Kreditkonditionen auch der

---

[5] *Rösler*, a. a. O., jeweils m. w. Nachw. .
[6] Dies trifft z. B. auch auf die Vorschriften der §§ 311, 313 (jeweils a. F.), 518, 766 BGB zu.
[7] BT-Drucksache 11/5462, S. 19.

Warnung des Verbrauchers vor unüberlegten finanziellen Engagements dient.

b) Abgrenzungskriterium der h. M.: Bindungswirkung

Nach überwiegender Auffassung ist der Formvorschrift des § 4 Abs. 1 VerbrKrG Vorrang einzuräumen gegenüber dem Repräsentationsprinzip, wenn der Vollmachtgeber durch die Erteilung der Vollmacht rechtlich oder tatsächlich in gleicher Weise gebunden ist wie durch den Abschluss des formbedürftigen Rechtsgeschäfts selbst. Dabei soll eine rechtliche Bindung, die zur Vorverlagerung der Formvorschriften auf den Zeitpunkt der Erteilung der Vollmacht führt, dann vorliegen, wenn die Vollmacht unwiderruflich erteilt ist oder die Widerrufbarkeit durch weitere Umstände soweit eingeschränkt oder erschwert wird, dass aus der Sicht des Vollmachtgebers schon eine tatsächliche Bindungswirkung eingetreten ist, was z. B. angenommen wird, wenn der Vollmachtgeber bei Nichtvornahme des Vertretergeschäfts eine Vertragsstrafe zu zahlen hat[8].

Der Ansatzpunkt der h. M., wonach der Gesichtspunkt der Widerruflichkeit der Vollmacht über die Annahme der Formbedürftigkeit entscheidet, erscheint indes aus folgenden Überlegungen heraus verfehlt.

Durch die Erteilung einer Vollmacht wird der Vollmachtgeber nämlich in keinem Fall in gleicher Weise gebunden wie durch den Abschluss des (formgebundenen) Vertretergeschäfts. Die erteilte Vollmacht eröffnet vielmehr dem Bevollmächtigten „nur" die Möglichkeit, den Vollmachtgeber durch den Abschluss des Vertretergeschäfts zu verpflichten. Vor dieser Gefahr, die daraus resultiert, dass der Vollmachtgeber das Geschehen aus der Hand gegeben hat, ist er zu warnen. Insofern besteht aber zwischen der unwiderruflichen und der widerruflichen Vollmacht kein Unterschied. Nicht gefolgt werden kann daher *Peters*[9], der zur Begründung der Formbedürftigkeit gerade der unwiderruflichen Vollmacht darauf hinweist, dass aus Sicht des Vollmachtgebers im Wege der Erteilung der unwiderruflichen Vollmacht alles getan sei, damit der Abschluss des

---

[8] Zur Rechtsprechung, vgl. OLG Karlsruhe, WM 2001, 356, 359, Revision BGH XI ZR 312/00; LG Hechingen, WM 2000, 818, 820; LG München, WM 2000, 1488, 1490. Aus der Literatur, vgl. *Peters*, WM 2000, 554, 556 m. w. Nachw.; *Horn/Balzer*, WM 2000, 333, 340; *Masuch*, ZIP 2001, 143, 147 f. m. w. Nachw.; *Rösler*, NJW 1999, 1150, 1151 m. w. Nachw.; *Sauer*, BB 2000, 1793 f.; Peters/Scharnewski, WuB I E 2. – 4.98; für die Erteilung einer Vollmacht zur Mitverpflichtung eines Dritten, vgl. *Ulmer/Timman*, in FS Rowedder, 503, 522.

[9] FS Schimansky, 477, 485, mit zahlreichen Hinweisen auf die Rechtsprechung; vgl. auch *Peters/Gröpper*, WM 2001, 2199, 2201.

formbedürftigen Rechtsgeschäfts erfolge, so dass die Bindungswirkung der des formbedürftigen Hauptgeschäfts entspreche. Dabei übersieht Peters, dass auch bei der widerruflichen Vollmacht der Vollmachtgeber alles getan hat, damit der Abschluss des Rechtsgeschäfts erfolgt.
Auch der von der h. M. angeführte Gesichtspunkt der fehlenden Unmittelbarkeit der Beeinträchtigung[10] rechtfertigt es nicht, eine Formbedürftigkeit nur der unwiderruflichen Vollmacht anzunehmen[11]. Denn an einer unmittelbaren Beeinträchtigung fehlt es schließlich auch bei einer unwiderruflich erteilten Vollmacht.

Zu beachten ist in diesem Zusammenhang auch, dass es nach Auffassung der h. M. unerheblich ist, ob die unwiderrufliche Vollmacht zeitlich begrenzt ist[12]. Dies spricht aber gerade gegen die Maßgeblichkeit der Bindung des Vollmachtgebers und für die hier vertretene Auffassung, dass es letztlich die übereilte Ausstattung des Bevollmächtigten mit der (zeitlich begrenzten) Befugnis zum Abschluss des Vertretergeschäfts ist, vor der der Vollmachtgeber geschützt werden muss.

Auch kann kaum pauschal angenommen werden, dass der Vertretene sein Recht zum Widerruf in jedem Fall kennt. Gerade wenn die Vollmacht keine ausdrückliche Regelung trifft, müsste man dem Vertretenen die im Einzelfall durchaus diffizile Überlegung zumuten, ob die Vollmacht aus den Umständen heraus unwiderruflich ist, weil sie eine Begünstigung des Bevollmächtigten bezweckt oder ob die Vollmacht allein im Interesse des Vertretenen erteilt wurde und die Vollmacht daher jederzeit widerruflich ist, sie aber auch widerrufen werden muss[13].

c) Ergebnis der Überprüfung des Kriteriums „Bindungswirkung"

Das von der h. M. verwendete Kriterium der Bindungswirkung ist nicht geeignet, einen Formzwang für Vollmachten zu begründen[14]. Entgegen § 167 Abs. 2 BGB ist eine Formbedürftigkeit der Vollmacht überall dort zu verlangen, wo für das angestrebte Rechtsgeschäft Formvorschriften

---

[10] Vgl. *Schramm*, in MüKo, § 167, Rdnr. 16.
[11] So im Ergebnis auch *Schilken*, in Staudinger, § 167, Rdnr. 20, nach dem der Einwand formal sei, weil er nicht die Interessen berücksichtige, deren Schutz die vor Übereilung warnenden Vorschriften bezweckten.
[12] Vgl. *Peters*, a. a. O., m. w. Nachw. .
[13] *Volmer*, MittBayNot 1999, 346, 347.
[14] Auch *Sauer* (BB 2000, 1793, 1797, dort Fn. 46) führt aus, dass jeder Vollmacht im Hinblick auf die Wirkung der Vertretererklärung eine gewisse Bindungswirkung immanent ist, ohne allerdings aus dieser Erkenntnis den nach der hier vertretenen Auffassung zutreffenden Schluss zu ziehen.

bestehen, die nicht lediglich Beweiszwecken dienen, sondern die gewichtigere Aufgabe einer Warnfunktion erfüllen. Weil bereits die Vollmachtserteilung die Möglichkeit des Eintritts desjenigen Nachteils begründet, vor dem die Formvorschrift warnend schützen soll, ist es unerheblich, ob die Vollmacht widerruflich oder unwiderruflich erteilt ist[15]. Mit dem LG Potsdam[16] ist daher davon auszugehen, dass auch die widerrufliche Vollmacht zum Abschluss eines Verbraucherkreditvertrages der Schriftform bedarf.

Gegen die Schutzbedürftigkeit des Vollmachtgebers spricht nicht die Tatsache, dass der Vollmachtgeber nach § 7 VerbrKrG den Kreditvertrag innerhalb einer Frist von einer Woche[17] widerrufen konnte[18]. Denn zum einen ist davon auszugehen, dass das Verbraucherkreditgesetz einen doppelten Schutz des Verbrauchers bezweckte, der sowohl durch das Schriftformerfordernis nach § 4 VerbrKrG als auch durch das Widerrufsrecht nach § 7 VerbrKrG sichergestellt werden sollte[19]. Zum anderen besteht die Möglichkeit eines Widerrufs nur dann, wenn der Darlehensnehmer durch den Bevollmächtigten so rechtzeitig über den Abschluss des Darlehensvertrages und die ihm gegenüber erfolgte Belehrung informiert wird, dass er unter Wahrung der Widerrufsfrist überhaupt noch einen Widerruf vornehmen kann.

---

[15] So im Ergebnis auch *Schilken*, in Staudinger, § 167, Rdnr. 20 m. w. Nachw.; gegen die Relevanz des Kriteriums der Widerruflichkeit auch *Bülow*, VerbrKrG, § 4 Rdnr. 37, der allerdings nicht exakt zwischen Schriftformerfordernis und Pflichtangaben nach § 4 Abs. 1 Satz 4 VerbrKrG trennt und daher zu dem unzutreffenden (vgl. 2.) Ergebnis gelangt, die Vollmacht zum Abschluss eines Verbraucherkreditvertrages müsse stets die Pflichtangaben enthalten.

[16] WM 1998, 1235, 1237.

[17] Fassung des § 7 VerbrKrG bis zum 30.09.2000. Für ab dem 01.10.2000 geschlossene Kreditverträge gilt eine Widerrufsfrist von zwei Wochen, §§ 7 VerbrKrG i. V. m. 361 a BGB bzw. (für ab dem 01.01.2002 geschlossene Kreditverträge, vgl. Art. 229 § 5 EGBGB) § 355 Abs. 1 BGB.

[18] So aber *Löhnig*, VuR 1999, 147, 149.

[19] *Ulmer*, in MüKo, § 4 VerbrKrG, Rdnr. 1, wonach der mit dem Schriftformerfordernis verbundene Schutz des Verbrauchers vor Übereilung durch die Möglichkeit des Widerrufs nach § 7 VerbrKrG verstärkt wird. In diesem Sinne auch *Horn/Balzer*, WM 2000, 333, 340 m. w. Nachw., die allerdings die Aussage von *Löhnig*, in VuR 1999, 147, 149, missverstehen. Sie übersehen, dass *Löhnig* die Möglichkeit des Widerrufs nach § 7 VerbrKrG als Argument gegen die Schutzbedürftigkeit des Vollmachtgebers verwendet und daher zu dem Ergebnis kommt, dass ein Schriftformerfordernis für die Vollmacht nicht anzunehmen ist.

Auch *Löhnig*[20] sieht die Gefahr, dass der Vertreter die Geschäftsunterlagen so lange zurückhält, dass die Frist zum Widerruf abgelaufen ist. Nach seiner Ansicht wird der Wegfall des Widerrufsrechts durch einen auf PVV des Auftrags gestützten, gegen den Bevollmächtigten gerichteten Anspruch auf Schadensersatz kompensiert. Dabei verkennt *Löhnig* den oftmals begrenzten wirtschaftlichen Wert eines solchen Schadensersatzanspruchs, was vor allem bei Finanzierung von Fondsanteilen gilt, weil in diesen Fällen häufig kapitalschwache juristische Personen als Treuhänder/Bevollmächtigter fungieren.

Schließlich ist zu berücksichtigen, dass § 7 VerbrKrG nicht zur Anwendung kommt, wenn es sich um einen Kreditvertrag handelt, nach dem der Kredit von der Sicherung durch ein Grundpfandrecht abhängig gemacht und zu für grundpfandrechtlich abgesicherte Kredite üblichen Bedingungen gewährt wurde, § 3 Abs. 2 Nr. 2 VerbrKrG[21]. Damit scheidet in einer nicht unerheblichen Anzahl von Kreditverträgen zur Finanzierung von Anteilen an Immobilienfonds ein Widerruf nach § 7 VerbrKrG ohnehin aus. Macht die Bank die Gewährung des Kredits von der Bestellung einer (Global-) Grundschuld auf dem Fondsgrundstück abhängig, ist es für die Anwendbarkeit des § 3 Abs. 2 Nr. 2 VerbrKrG unerheblich, ob der Kreditvertrag auch noch andere Sicherheiten, z. B. die Abtretung einer Kapitallebensversicherung, vorsieht[22].

Die Schutzbedürftigkeit des Vollmachtgebers lässt sich auch nicht unter Hinweis auf ein Widerrufsrecht nach den Vorschriften des HausTWG[23] leugnen. Selbst wenn der Vollmachtgeber in einer Haustürsituation den Entschluss zum Fondsbeitritt und damit auch zum Abschluss des Darlehensvertrages gefasst hat, scheidet bei Einschaltung eines Vertreters ein Widerruf des Darlehensvertrages nach dem HausTWG aus. Denn der Einflussnahme des Vertragspartners (hier: der Bank) ist grundsätzlich nur derjenige ausgesetzt, der mit dem Vertragspartner verhandelt und die Vertragserklärung abgibt. Aus dem Rechtsgedanken des § 166 Abs. 1 BGB ist daher zu folgern, dass für die Voraussetzungen des Widerrufsrechts nach § 1 Abs. 1 HausTWG grundsätzlich allein die Person des

---

[20] VuR 1999, 147, 149; ebenso *Rösler*, NJW 1999, 1150, 1152.
[21] Zu Zweck und Anwendungsbereich der Norm, insbesondere zu der Frage der für einen Realkredit üblichen Bedingungen, vgl. *Bruchner*, in Bankrechtshandbuch, § 81, Rdnr. 50 ff, insbesondere Rdnr. 58 f. .
[22] Vgl. BGH, WM 2002, 588.
[23] Für ab dem 01.01.2002 (vgl. Art. 229 § 5 EGBGB) abgeschlossene Verträge geregelt in §§ 312, 312 a BGB.

Vertreters maßgebend ist[24]. Der Vertreter wird aber zu seiner Willenserklärung regelmäßig nicht in einer Haustürsituation bestimmt.

d) Umfang des Schriftformerfordernisses

Der mit dem Schriftformerfordernis verfolgte Zweck, nämlich den Vollmachtgeber vor Übereilung zu schützen, wird allerdings nur erreicht, wenn in der Vollmachtsurkunde das Rechtsgeschäft im Ganzen wiedergegeben wird. Diese Forderung steht in Einklang mit der Überlegung, dass eine Blankounterschrift dem Schriftformerfordernis des § 4 VerbrKrG nicht genügt[25]. Dies bedeutet, dass in die Vollmacht zumindest der Höchstbetrag bzw. die Tatsache, dass durch den Bevollmächtigten Kredit in unbegrenzter Höhe aufgenommen werden kann, die Art des Kredits (wegen der damit zusammenhängenden Frage der Art der Rückzahlung) sowie das Recht des Bevollmächtigten, den Vertretenen zur Bestellung von bestimmten Sicherheiten zu verpflichten, aufgenommen werden muss[26].

Diesen „Umfang" des Schriftformerfordernisses verkennen *Horn/Balzer*[27] in ihrer Bewertung des bereits zitierten Urteils des BGH[28]. Sie sehen nicht, dass die durch den BGH geforderten Angaben bezüglich der Erteilung einer Vollmacht zur Abgabe einer Bürgschaftserklärung Bestandteil des Schriftformerfordernisses sind. Daher bedurfte es keiner Abgrenzung gegenüber diesem Urteil, um zu dem Ergebnis zu gelangen, dass die Pflichtangaben in einer Vollmacht zum Abschluss eines Verbrau-

---

[24] BGH, NJW 2000, 2268, 2269. Einen Widerruf der Vollmacht lehnt der BGH mit der zutreffenden Begründung ab, die Bank werde in ihrem Vertrauen auf den Inhalt der Urkunde durch § 172 Abs. 1 BGB geschützt. Voraussetzung ist, dass der Bank die Vollmacht im Original oder – bei notarieller Beurkundung – eine Ausfertigung vorgelegt wird, vgl. B. III. .

[25] Vgl. BGH, WM 1996, 762, 764 mit zahlreichen Nachw. aus der Literatur.

[26] So im Ergebnis auch *Masuch*, ZIP 2001, 143, 148. Dabei handelt es sich um die Kriterien, die nicht der Markttransparenz, vgl. 2. a), dienen. Insofern unzutreffend ist die durch *Ulmer*, in MüKo, § 4 VerbrKrG, Rdnr. 19 vorgenommene Einordnung von lit. d) in die Reihe der Angaben, die bereits wegen der Schriftform in die Urkunde aufzunehmen sind. - Wenn daher im folgenden unter 2. von den Pflichtangaben nach § 4 Abs. 1 Satz 4 Nr. 1 VerbrKrG die Rede ist, sind damit die lit. b), d), e) und f) gemeint. Nicht gefolgt werden kann daher *von Rottenburg*, WM 2001, 2194, 2196, nach dem auch den Angaben des § 4 Abs. 1 Satz 4 Nr. 1 VerbrKrG Warnfunktion zukomme, so dass eine unwiderrufliche Vollmacht (vgl. zu diesem Argument die Anmerkungen unter b)) diese Angaben enthalten müssten.

[27] WM 2000, 333, 341 f. .

[28] WM 1996, 762, 764.

cherkreditvertrages nicht aufgenommen sein müssen[29]. Abgesehen davon überzeugt die Argumentation von *Horn/Balzer* nicht. Es ist nicht die Hoffnung des Bürgen auf den Nichteintritt des Bürgschaftsfalls, die es rechtfertigt, die Aufnahme der Angaben in die Vollmachtsurkunde zu verlangen. Denn diese Hoffnung hegt der Bürge auch, wenn ihm die durch den BGH geforderten Angaben bei Erteilung der Vollmacht vorliegen. Mit anderen Worten: Die Pflichtangaben betreffen nicht die Frage. ob es sich um eine Primär- oder eine Sekundärverpflichtung handelt. Sie führen dem Schuldner lediglich den Umfang der Verpflichtung vor Augen. In dieser Hinsicht ist ein Bürge aber nicht schutzwürdiger als ein Darlehensnehmer.

Verstößt die Vollmacht gegen das Erfordernis der Schriftform, ist im konkreten Einzelfall der Geschäftsgegner, hier also die Bank, über § 172 BGB geschützt, wenn der Vertreter sich durch Vorlage einer Originalurkunde[30] legitimiert. Weil es sich bei der Frage, ob eine Vollmacht dem Erfordernis der Schriftform genügen muss, um eine komplizierte und zudem umstrittene Rechtsfrage handelt, kann in einem solchen Fall ein schutzwürdiges Vertrauen der Bank nicht nach § 173 BGB mit der Begründung verneint werden, sie habe von dem Nichtbestehen der Vollmacht gewusst bzw. ihre Unkenntnis habe auf Fahrlässigkeit beruht[31].

2. Die Angaben nach § 4 Abs. 1 Satz 4 Nr. 1 VerbrKrG

a) Zweck: Nicht Warnfunktion, sondern Markttransparenz

Welches Ziel der Gesetzgeber mit der Vorgabe der Pflichtangaben verfolgte, lässt sich der Begründung des Entwurfs des Verbraucherkreditgesetzes entnehmen. Dort heißt es[32]: „Der mit der Schriftform der Kreditverträge, dem Widerrufsrecht und der Verzugsregelung verbundene Aufwand lässt nicht ausschließen, dass in Einzelfällen eine nicht quantifizierbare Erhöhung von Kreditkosten eintritt. Andererseits führen die Informationspflichten der Kreditgeber zu wesentlich mehr Transparenz und damit zu mehr Wettbewerb beim Verbraucherkredit. Hieraus folgt insgesamt eine preisstabilisierende, wenn nicht sogar preismindernde Ten-

---

[29] Zu den Pflichtangaben, vgl. 2. .
[30] Vgl. hierzu B. III. .
[31] Die §§ 170 - 173 BGB gelten analog für die von Anfang an unwirksame Vollmacht, vgl. *Heinrichs*, in Palandt, § 173 BGB, Rdnr. 1 m. w. Nachw.; vgl. auch LG Stuttgart, WM 2000, 1492, 1495.
[32] BT – Drucksache 11/5462 (Band 390), S. 16 f. .

denz, so dass negative Auswirkungen auf das allgemeine Preisniveau und insbesondere das Verbraucherpreisniveau nicht zu erwarten sind".

Die Tatsache, dass die Pflichtangaben nach § 4 Abs. 1 Satz 4 Nr.1 VerbrKrG keine Warn-, sondern eine Informationsfunktion haben, dass somit Schriftform und Pflichtangaben eine jeweils andere Zielrichtung verfolgen, wird nicht von allen Autoren gesehen. So führt etwa *Peters*[33] aus, dass das Schriftformerfordernis gemäß § 4 Abs. 1 Satz 1-3 VerbrKrG und die Kreditangaben nach § 4 Abs. 1 Satz 4 VerbrKrG den Verbraucher über die wesentlichen Kreditkonditionen informieren und ihn vor unüberlegtem finanziellen Engagement warnen sollen. Die Formerfordernisse hätten insoweit zum einen eine Informationsaufgabe und zum anderen eine Warnfunktion.

Für die Differenzierung im Sinne unterschiedlicher Funktionen von Schriftformerfordernis und Pflichtangaben spricht indes neben den Gesetzesmaterialien auch die Tatsache, dass das Verbraucherkreditgesetz in § 6 an die Missachtung der Vorgaben des § 4 unterschiedliche Rechtsfolgen knüpft[34].

b) ***Auswirkung auf die Vollmachtserteilung***

(a) Grundsatz

Der mit dem Erfordernis der Pflichtangaben i. S. d. § 4 Abs. 1 Satz 4 Nr. 1 VerbrKrG verfolgte Zweck der Markttransparenz rechtfertigt eine teleologische Reduktion des § 167 Abs. 2 BGB, mit der Folge, dass die Pflichtangaben in die Vollmachtsurkunde aufzunehmen wären, nicht. Es fehlt insoweit an einer Norm, deren Zweck Vorrang einzuräumen ist gegenüber der Vorschrift des § 167 Abs. 2 BGB.

---

[33] WM 2000, 554, 556; so auch *Rösler*, NJW 1999, 1150, 1152: „Liegt keine unwiderrufliche Vollmacht vor, ist zwingend nur der Bevollmächtigte mit den Angaben nach § 4 VerbrKrG zu versorgen... . Darin liegt keine Umgehung zwingender Verbraucherschutzvorschriften, die Warn- und Schutzfunktion des § 4 VerbrKrG realisiert sich in der Person des Bevollmächtigten"; das Gleiche gilt für *Derleder*, NJW 1993, 2401, 2404: „§ 4 VerbrKrG will für eine umfassende Information sorgen ... Die Sicherung der Markttransparenz ist damit auch Instrument des Übereilungsschutzes" und VuR 2000, 155, 159, wonach die Angaben des § 4 Abs. 1 Satz 4 Nr. 1 oder 2 VerbrKrG den Schutz des Verbrauchers vor Übereilung bezwecken, so dass bei Vorliegen einer Bindungswirkung eine Vollmacht sämtliche Angaben nach § 4 Abs. 1 Satz 4 Nr. 1 oder 2 VerbrKrG enthalten müsse. – *Masuch*, ZIP 2001, 143, 149, lässt offen, ob den Pflichtangaben neben der Informationsfunktion auch eine Warnfunktion zukommt.

[34] Wie hier auch *Sauer*, BB 2000, 1793, 1797 m. w. Nachw. .

Der Grund ist darin zu sehen, dass ein Konflikt zwischen dem Prinzip des Verbraucherschutzes und der Regelung des § 167 Abs. 2 BGB zu verneinen ist. Denn es liegt nun einmal im Wesen der Stellvertretung, dass der Bevollmächtigte den Vollmachtgeber repräsentiert und dass demnach auch das Wissen des Bevollmächtigten dem Vollmachtgeber zugerechnet wird. Die Informationen über Vertragsbedingungen, Höhe und Verpflichtung usw. i. S. von § 4 Abs. 1 Satz 4 Nr. 1 VerbrKrG werden auf den Vertreter verlagert, der auf dieser Grundlage die notwendigen Entscheidungen für den Verbraucher fällen darf. Insofern kann von einer Umgehung des erforderlichen Verbraucherschutzes im Fall einer Nichtanwendung des § 4 Abs. 1 Satz 4 Nr. 1 VerbrKrG auf die Kreditvollmacht nicht gesprochen werden[35]. Somit bestand nach der hier vertretenen Auffassung kein Anlass, in der gesetzlichen Neuregelung die Aufnahme der für Verbraucherkreditverträge vorgesehenen Pflichtangaben auch in eine Vollmachtsurkunde zwingend vorzuschreiben.

Für diese Auffassung und gegen das Vorliegen eines Konfliktes zwischen einer Formvorschrift und der Regelung des § 167 Abs. 2 BGB in diesem Zusammenhang spricht auch die Tatsache, dass in der Begründung zum Entwurf eines Gesetzes über Verbraucherkredite zwischen Formpflicht (Schriftform) und Angabepflicht unterschieden wird[36].

Vor diesem Hintergrund erscheint die Entscheidung des OLG München, wonach im Anwendungsbereich des Verbraucherkreditgesetzes das Ziel eines wirksamen Verbraucherschutzes dem Repräsentationsprinzip des Vertretungsrechts vorgehe[37], insofern willkürlich, als jegliche Begründung dafür, warum dies so sein sollte, fehlt[38]. Der durch das OLG angeführte Aspekt der Komplexität der Finanzdienstleistungen[39] spricht jedenfalls in Anbetracht der Forderung nach Schutz des Verbrauchers eher für die Einschaltung eines sachkundigen Vertreters, somit also für das gegenteilige Ergebnis. Der Vorteil der Erteilung einer Vollmacht ist u. a. darin zu

---

[35] *Horn/Balzer*, WM 2000, 333, 341.

[36] Vgl. BT-Drucksache 11/5462 (Band 390), S. 12: „Um die Einhaltung der Form- und Angabepflicht zu gewährleisten, sind für den Fall des Verstoßes Sanktionen vorgesehen".

[37] ZIP 1999, 1963 f.; ebenso im Ergebnis OLG Karlsruhe, WM 2000, 1996, 2002; LG Mannheim, BB 1999, 2049, 2050, aufgehoben durch OLG Karlsruhe, WM 2001, 356, 359, Revision BGH XI ZR 312/00.

[38] Demgegenüber begründet das OLG Karlsruhe, WM 2000, 1996, 2003 seine Auffassung, wonach die Vollmacht die Angaben des § 4 Abs. 1 Satz 4 Nr. 1 VerbrKrG enthalten müsse, wenigstens mit der (allerdings unzutreffenden, vgl. a)) Annahme einer Warnfunktion der Angaben.

[39] OLG München, a. a. O. .

sehen, dass der Vertretene das Spezialwissen oder die bessere Marktübersicht des Bevollmächtigten nutzt und dass im Hinblick auf die Verfahrenskonzentration schnelle Reaktionen im Bereich der Kreditvergabe, z. B. auf günstige Zinsangebote in einem täglich schwankenden Markt, möglich sind.

Der Auffassung des BGH[40], wonach eine Kreditvollmacht grundsätzlich nicht die Mindestangaben über die Kreditbedingungen enthalten muss, ist daher zuzustimmen. Zu Recht weist der BGH darauf hin, dass kein Grund ersichtlich ist, warum es nicht genügen soll, dass die fraglichen Informationen dem Stellvertreter des Darlehensnehmers vorliegen. Zutreffend sind auch die weiteren, durch den BGH angeführten Gründe, nämlich dass die Stellvertretung in dem Regelfall, in dem die Konditionen bei Erteilung der Vollmacht noch nicht feststehen, ausgeschlossen wäre, sowie die Erwägung, dass der Kreditgeber letztlich für Versäumnisse des die Vollmachtsurkunde erstellenden Bevollmächtigten einzustehen hätte. Für dieses Ergebnis spricht auch der praktische Gesichtspunkt, dass der bei Ausschluss der Stellvertretung bei den Banken, die häufig einen Großteil der Zeichner eines Fonds finanzieren, auf Grund Verhandlung und Vertragsabschluss mit jedem einzelnen Darlehensnehmer/Zeichner entstehende Verwaltungs(mehr-)aufwand letztlich kostenmäßig auf die Darlehensnehmer abgewälzt würde. Das Gleiche gilt auch für den durch das OLG München[41] vorgeschlagenen Weg, wonach der Vertreter zunächst mit einer Verhandlungsvollmacht ausgestattet werden könnte, um dann anschließend, nachdem er dem Vollmachtgeber die ausgehandelten Konditionen mitgeteilt hat, eine separate Abschlussvollmacht zu erhalten.

(b) Ausnahme: Umgehung, § 18 Satz 2 VerbrKrG

Nach § 18 Satz 2 VerbrKrG[42] ist das Verbraucherkreditgesetz auch dann anzuwenden, wenn seine Vorschriften durch anderweitige Gestaltungen umgangen werden. Eine Umgehung liegt vor, wenn bei der Darstellung und Begründung eines konkreten Verbraucherkreditverhältnisses, das aufgrund der typischen Interessenlage dem Schutzzweck des VerbrKrG

---

[40] WM 2001, 1024, bestätigt in WM 2001, 1663.
[41] ZIP 1999, 1963.
[42] Die Vorschrift stellt die Umsetzung von Art. 14 Abs. 2 der Verbraucherkreditrichtlinie v. 22.12.1986, abgedruckt in MüKo, als Textanhang I zum Verbraucherkreditgesetz (S. 886 ff.), dar. Die gesetzliche Formulierung ist wörtlich § 7 AGBG und § 5 Abs. 1 HausTWG entnommen.

unterliegt, vertragliche oder „anderweitige Gestaltungen“ gewählt werden, die nicht unter den Wortlaut des VerbrKrG zu subsumieren sind[43].

Die Frage, in welchen Fällen bei Einschaltung eines Vertreters auf Seiten des Darlehensnehmers eine Umgehung i. S. d. § 18 Satz 2 VerbrKrG anzunehmen ist, ist identisch mit der bereits behandelten Frage, ob und unter welchen Voraussetzungen es gerechtfertigt erscheint, eine teleologische Reduktion des § 167 Abs. 2 BGB mit der Folge vorzunehmen, dass entgegen dem Wortlaut des § 167 Abs. 2 BGB die dem Vertreter erteilte Vollmacht sämtliche Angaben des § 4 Abs. 1 Satz 4 Nr. 1 VerbrKrG enthalten muss. Denn auch die Annahme einer Umgehung setzt voraus, dass eine teleologische Reduktion des § 167 Abs. 2 BGB geboten ist, weil nach dem Sinn des § 167 Abs. 2 BGB im konkreten Fall eine Freistellung von der Formvorschrift des § 4 Abs. 1 Satz 4 Nr. 1 VerbrKrG nicht gerechtfertigt ist. Mit anderen Worten: Eine Umgehung kommt dann in Betracht, wenn zwar formal eine Stellvertretung des Darlehensnehmers gegeben ist, der konkrete Fall aber nicht von dem Sinn des § 167 Abs. 2 BGB erfasst wird[44].

Es wurde bereits dargestellt[45], dass § 167 Abs. 2 BGB Ausfluss des Repräsentationsprinzips ist, wonach der Bevollmächtigte den Vollmachtgeber in der Willensentscheidung repräsentiert. Diese Regelung ist sachgerecht, wenn – was regelmäßig der Fall ist – der Vollmachtgeber darüber entscheiden kann, ob er die entsprechenden Willenserklärungen selbst abgibt oder ob er einem Dritten die Abgabe der zum Abschluss des Rechtsgeschäfts erforderlichen Willenserklärungen anvertraut. Entscheidet sich der Vollmachtgeber für die Einschaltung eines Stellvertreters, muss er – bis zur Grenze der Kollusion bzw. des Rechtsmissbrauchs[46] – die Erklärungen des Stellvertreters auch dann gegen sich gelten lassen, wenn sie zu für den Vertretenen wirtschaftlich nachteiligen Ergebnissen führen.

Umgekehrt darf der Geschäftgegner sich bezüglich evtl. gebotener Aufklärung grundsätzlich an dem Wissensstand des Vertreters orientieren. Entsprechend darf der Geschäftsgegner sich damit begnügen, im Hinblick auf Informationsdefizite Aufklärung gegenüber dem Bevollmächtigten zu leisten bzw. diesem die nach § 4 Abs. 1 Satz 4 Nr. 1 VerbrKrG notwendigen Informationen zukommen zu lassen.

---

[43] *Bruchner/Wagner-Wieduwilt/Ott*, VerbrKrG, § 18 Rdnr. 4.
[44] Vgl. *Teichmann*, S. 49.
[45] Vgl. (a) .
[46] Zum Meinungsstand hierzu, vgl. *Schramm*, in MüKo, § 164, Rdnr. 100 ff. .

Anders kann die Situation ausnahmsweise zu beurteilen sein, wenn dem Vertretenen ein Stellvertreter aufgedrängt wird, der in Wahrheit nicht „im Lager" des Vertretenen, sondern **auf der Seite des Geschäftsgegners** steht[47]. In einem solchen Fall kann es angezeigt sein, das Wissen des „Stellvertreters" nicht dem Vertretenen zuzurechnen, weil die oben dargestellten Gründe für eine Zurechnung der Kenntnisse des Stellvertreters nicht gegeben sind. Dies würde dann auch bedeuten, dass die in § 4 Abs. 1 Satz 4 Nr. 1 VerbrKrG bestimmten Angaben in der Vollmacht enthalten sein müssen, weil in diesem Fall die Situation des Verbrauchers bei Vollmachtserteilung aus Sicht des Verbraucherkreditgesetzes derjenigen bei Abschluss des Kreditvertrages entspricht.

In den hier zu behandelnden Fällen wäre eine derartige Ausnahmekonstellation m. E. anzunehmen, wenn z. B. die eine Vielzahl von Zeichnern eines bestimmten Fonds finanzierende Bank im Rahmen von Vorverhandlungen mit dem Initiator vereinbart, dass jeder der einzelnen Darlehensverträge durch einen Bevollmächtigten abzuschließen ist und die Bank zusätzlich als Bevollmächtigten eine ihr z. B. aufgrund langjähriger Geschäftsbeziehung verbundene Person verbindlich bestimmt. Bleibt anlässlich dieser Vereinbarung dem Darlehensnehmer nicht die Wahl, die zum Abschluss des Darlehensvertrages notwendigen Willenserklärungen selbst abzugeben, ist von dem Vorliegen der beschriebenen Ausnahmesituation auszugehen. Weil die Bank weiß, dass der „Bevollmächtigte den Darlehensnehmer nur formal repräsentiert, genügt sie den Anforderungen des § 4 Abs. 1 Satz 4 Nr. 1 VerbrKrG nicht, wenn sie nur dem „ihrem Lager zuzurechnenden Bevollmächtigten" die entsprechenden Informationen zukommen lässt. Wegen der Verbindung der Bank zu dem Bevollmächtigten greift das durch den BGH[48] zur Begründung der grundsätzlichen Ablehnung der Formbedürftigkeit der Vollmacht ins Feld geführte Argument nicht, die Bank habe auf die Form der Erteilung der Vollmacht keinen Einfluss. Auch spricht in einem solchen Fall einiges für die Vermutung, dass dem Bevollmächtigten vor Erteilung der Vollmacht bereits die Bedingungen der Darlehensaufnahme bekannt sind[49], so dass gegen die Forderung nach Aufnahme der Angaben des § 4 Abs. 1 Satz 4 Nr. 1 VerbrKrG in die Vollmachtsurkunde auch nicht der Umstand spricht, das dies einen Ausschluss der Stellvertretung zur Folge hätte.

---

[47] Dass die Tatsache, dass der Vertreter im Lager der Bank steht, Auswirkung auf die aus der Vertretererklärung resultierende Verpflichtung des Vertretenen haben kann, hat der BGH in seinem Urteil in BGHZ 104, 50, 56 angedeutet.

[48] Vgl. unter (a), die Ausführungen zu BGH, WM 2001, 1024 (Fn. 40).

[49] Jedenfalls hat der Bevollmächtigte die Möglichkeit, vor Erteilung der Vollmacht die Bedingungen des Darlehens mit der Bank festzulegen.

Es entspräche nicht dem Sinn des § 167 Abs. 2 BGB, wenn die Bank sich in einem derartigen Fall auf die Trennung von Vollmacht und Vertretergeschäft sowie darauf berufen könnte, dass der Darlehensnehmer durch den Bevollmächtigten repräsentiert wird und sie daher ihrer Informationspflicht dadurch Genüge getan hätte, dass sie den Bevollmächtigten mit den entsprechenden Informationen versorgt hätte. Vielmehr wäre ein solches Verhalten der Bank als Tatbestandserschleichung[50] zu werten. Dies reicht für die Annahme einer Umgehung i. S. d. § 18 Satz 2 VerbrKrG aus, ohne dass der Nachweis einer Umgehungsabsicht erforderlich wäre[51].

Der hier dargestellte Fall wäre demnach als Ausnahme von dem durch den BGH[52] zu Recht festgestellten Grundsatz zu behandeln, dass in eine Vollmacht die Angaben nach § 4 Abs. 1 Satz 4 Nr. 1 VerbrKrG nicht aufzunehmen sind[53]. Insofern ist *Löhnig* zuzustimmen, nach dem eine planmäßige Umgehung der Formerfordernisse des § 4 VerbrKrG gegeben ist, wenn ein Kreditgeber bewusst und regelmäßig eine Vollmachtskonstruktion wählt, dass also der Kreditnehmer jeweils ohne sachlichen Grund einem Kreditvermittler eine Vollmacht erteilen muss, um entgegen § 4 VerbrKrG nicht informiert zu werden[54]. In diesem Fall ist zu unterstellen, dass die Bank, wenn sie dem Darlehensnehmer nicht die Wahl zwischen dem persönlichen Abschluss des Darlehensvertrages und dem Abschluss über einen Stellvertreter lässt, einen Stellvertreter auswählt, der in Wahrheit eher ihre als die Interessen des Vertretenen im Auge hat.

Weist die Bank hingegen nach, dass für die Einschaltung eines Vertreters ein sachlicher Grund[55] gegeben ist, ist Voraussetzung für die Annahme einer Umgehung der Nachweis, dass es sich bei dem Vertreter

---

[50] *Von Rottenburg*, in von Westphalen/Emmerich/von Rottenburg, § 18, Rdnr. 7; *Habersack*, in MüKo, § 18 VerbrKrG, Rdnr. 8.
[51] Vgl. zur Entbehrlichkeit der Umgehungsabsicht, *Seibert*, § 18 Rdnr. 2; *Habersack*, in Ulmer/Habersack, § 18, Rdnr. 9 m. w. Nachw. .
[52] Vgl. unter (a), die Ausführungen zu BGH, WM 2001, 1024.
[53] In diesem Fall käme auch ein Vertrauensschutz der Bank über § 172 BGB bei Vorlage einer Vollmachtsurkunde durch den Vertreter nicht in Betracht. Weil der Bank als Initiatorin der planmäßigen Umgehung die Umstände, die zur Annahme einer Umgehung i. S. d. § 18 Satz 2 VerbrKrG führen, bekannt sind, scheidet mangels eines schutzwürdigen Vertrauens der Bank eine Rechtsscheinhaftung des Vertretenen aus.
[54] *Löhnig*, VuR 1999, 147, 149.
[55] Bei Finanzierung von Anteilen einer Vielzahl von Zeichnern eines Immobilienfonds kann der sachliche Grund in der Verfahrenserleichterung bestehen.

um eine durch die Bank ausgewählte Person handelt, die im Lager der Bank steht. Ist dieser Nachweis nicht zu führen, kann wohl nicht von einer Umgehung ausgegangen werden. Es fehlt an der für die Annahme einer Umgehung erforderlichen Voraussetzung, dass der eingeschlagene Weg nur vor dem Hintergrund sinnvoll ist, dass damit gegenüber dem Darlehensnehmer die Angaben des § 4 Abs. 1 Satz 4 VerbrKrG vermieden werden sollen[56].

Für die Annahme einer Umgehung i. S. d. § 18 Satz 2 VerbrKrG genügt es nicht, dass die Bedingungen der Darlehensaufnahme bereits zum Zeitpunkt der Erteilung der Vollmacht feststehen. Der gegenteiligen Ansicht, wonach die Situation des Verbrauchers (bei Erteilung der Vollmacht) aus Sicht des Verbraucherkreditgesetzes derjenigen bei Abschluss des Kreditvertrages entspreche, wenn mit der Bevollmächtigung abweichend vom Regelfall bereits eine Entscheidung für einen konkreten Kredit gefallen sei[57], kann nicht gefolgt werden. Diese Ansicht lässt jegliche Auseinandersetzung mit der Frage vermissen, inwiefern es dem Sinn des § 167 Abs. 2 BGB widerspräche, die Kenntnis des Vertreters dem in diesen Fällen Vertretenen zuzurechnen.

Eine Umgehung liegt wohl auch nicht vor, wenn die Banken Formularvollmachten für die Mitverpflichtung von Familienangehörigen bereithalten[58]. Zwar ist in diesen Fällen davon auszugehen, dass die Bevollmächtigten wegen des eigenen Interesses an der Mitverpflichtung des Vollmachtgebers von der Willensrichtung her nicht „im Lager" des Vertretenen stehen. Doch ist nach der hier vertretenen Auffassung für die Annahme einer Umgehung zusätzlich erforderlich, dass der Vollmachtgeber nicht entscheiden kann, ob er die Erklärung der Mitverpflichtung selbst abgibt oder durch einen Bevollmächtigten abgeben lässt. An dieser Voraussetzung fehlt es hier aber.

II. Rechtsfolgen von Formmängeln, § 6 VerbrKrG

Nach § 6 Abs. 1 VerbrKrG ist ein Kreditvertrag nichtig, wenn die Schriftform insgesamt nicht eingehalten ist oder wenn eine der in § 4 Abs. 1 Satz 4 Nr. 1 lit. a bis f vorgeschriebenen Angaben fehlt.

---

[56] *Von Rottenburg*, in von Westhpalen/Emmerich/von Rottenburg, § 18 Rdnr. 7.

[57] *Masuch*, ZIP 2001, 143, 150 m. w. Nachw.; *Edelmann*, DB 2000, 319.

[58] Vgl. *Peters*, WM 2000, 554, 558 m. w. Nachw. – unter Bezug auf *Derleder*, NJW 1993, 2401, 2404, der „insbesondere" für diese Fallkonstellation annimmt, die entsprechende Vollmacht müsse die Angaben nach § 4 Abs. 1 VerbrKrG enthalten.

Ungeachtet eines Mangels nach § 6 Abs. 1 VerbrKrG wird der Kreditvertrag in den Fällen des § 4 Abs. 1 Satz 4 Nr. 1 gültig, soweit der Verbraucher das Darlehen empfängt oder den Kredit in Anspruch nimmt.

1. Anwendbarkeit des § 6 VerbrKrG

Gelangt man aufgrund teleologischer Reduktion des § 167 Abs. 2 BGB bzw. über die Vorschrift des § 18 Satz 2 VerbrKrG zu einer Anwendung des § 4 VerbrKrG auf eine dem Vertreter erteilte Vollmacht, ergeben sich die Rechtsfolgen einer Nichtbeachtung der Anforderungen des § 4 VerbrKrG aus einer analogen Anwendung des § 6 VerbrKrG. Danach ist die mangelhafte Vollmacht nach § 6 Abs. 1 VerbrKrG nichtig, wenn nicht eine Heilung der Vollmacht gem. § 6 Abs. 2 VerbrKrG analog eintritt.

Für eine analoge Anwendung der Vorschrift des § 6 Abs. 2 VerbrKrG auf eine Vollmacht zum Abschluss eines Verbraucherkreditvertrages spricht der Sinn der Regelung, wie er in der Gesetzesbegründung zum Ausdruck kommt. Darin heißt es[59]: „Die Nichtbeachtung der Formvorschrift oder wichtiger Mindestangaben, aus denen sich die Kreditfolgelast ergibt, führt grundsätzlich zur Nichtigkeit des Kreditvertrages. Kommt es gleichwohl zur Auszahlung des Darlehensbetrages, werden die Rechtsfolgen im Interesse des Verbraucherschutzes differenziert. Hierbei ist sowohl dem Interesse des Kreditnehmers, der sich auf die Nutzung des Kapitals eingestellt hat, und dem Interesse des Kreditgebers an dem Erhalt von Zinsen und sonstigen Kreditkosten angemessen Rechnung zu tragen. Eine Rückabwicklung nach den Vorschriften des Bürgerlichen Gesetzbuches würde den Verbraucher einem Bereicherungsanspruch des Kreditgebers aussetzen und ihn zur sofortigen Rückzahlung verpflichten, § 812 Abs. 1 Satz 1 BGB..."[60].

Des Schutzes dieser Vorschrift, der in der Heilung des Kreditvertrages zu vergünstigten Bedingungen und der damit verbundenen Vermeidung von sofort zu erfüllenden Rückforderungsansprüchen des Kreditgebers besteht, kann der eine formunwirksame Vollmacht erteilende Verbraucher ebenso würdig sein wie der Verbraucher, der selbst einen formunwirksamen Kreditvertrag abschließt. Wegen der insofern übereinstimmenden Interessenlage ist eine analoge Anwendung des § 6 Abs. 2 VerbrKrG auf die Erteilung einer Vollmacht, die wegen Verstoßes gegen die Vorgaben des § 4 VerbrKrG nichtig ist, geboten.

---

[59] BT-Drucksache 11/5462, S. 21.

[60] Für die Möglichkeit der Heilung im Ergebnis auch *Masuch*, ZIP 2001, 143, 150 m. w. Nachw. aus der Rechtsprechung; *Derleder*, VuR 2000, 155, 164.

2. Heilung auch bei fehlender Schriftform

Nach dem Wortlaut des § 6 Abs. 2 Satz 1 VerbrKrG könnte die Regelung dahingehend verstanden werden, dass eine Heilung nur im Hinblick auf Mängel nach § 4 Abs. 1 Satz 4 Nr. 1 VerbrKrG, nicht aber hinsichtlich einer Nichtbeachtung des Schriftformerfordernisses in Betracht kommt. Gegen diese Interpretation und damit für die Annahme, dass eine Heilung unter den dargestellten Voraussetzungen auch bei Verstoß gegen das Schriftformerfordernis möglich ist, spricht aber die Gesetzesbegründung[61]: „Um die Einhaltung der Form- und Angabepflicht zu gewährleisten, sind für den Fall des Verstoßes Sanktionen vorgesehen. Der Entwurf sucht dabei einen Mittelweg zu finden. Einerseits soll die Missachtung der vorgesehenen Form- bzw. Angabepflicht zwar grundsätzlich die Nichtigkeit der Vertragsbeziehung zur Folge haben, andererseits aber der Durchführung bereits vollzogener Geschäfte aus Gründen der Praktikabilität nicht ausnahmslos die Anerkennung versagt werden“[62].

Demnach kommt eine Heilung sowohl eines Verstoßes gegen das Schriftformerfordernisses als auch bei Fehlen der Angaben nach § 4 Abs. 1 Satz 4 VerbrKrG in Betracht, wenn der Verbraucher das Darlehen empfängt oder den Kredit in Anspruch nimmt.

3. Voraussetzungen der Heilung: Empfang des Darlehens

Es wurde bereits dargestellt[63], dass der Zweck des § 6 Abs. 2 VerbrKrG u. a. darin besteht, den Darlehensnehmer, der das Darlehen erhalten hat, vor einer Rückabwicklung des Darlehensvertrages zu schützen. Weil eine solche Rückabwicklung voraussetzt, dass der Darlehensnehmer „etwas erlangt“ hat, wäre es sinnwidrig, bezüglich der Heilung der Vollmacht bereits auf deren Vollzug abzustellen. Vor dem Hintergrund des Schutzzwecks der Vorschrift des § 6 VerbrKrG ist es vielmehr sachgerecht, auf den Vollzug des Darlehens abzustellen[64].

---

[61] BT-Drucksache 11/5462, S. 12 .

[62] So im Ergebnis auch *Ulmer*, in MüKo, § 6 VerbrKrG, Rdnr. 7: „Die Heilungswirkung des § 6 Abs. 2 Satz 1 VerbrKrG beschränkt sich auf die in § 6 Abs. 1 VerbrKrG genannten Nichtigkeitsgründe, d. h. die fehlende Schriftform des Kreditvertrages oder das Fehlen der nach § 4 Abs. 1 Satz 4 erforderlichen Angaben“. Ebenso *Münstermann/Hannes*, § 6, Rdnr. 295, nach denen davon auszugehen ist, dass der Gesetzgeber eine Ausnahme von § 125 BGB wollte, um zu praktisch brauchbaren Ergebnissen zu kommen.

[63] Vgl. 1. .

[64] So auch *Masuch*, ZIP 2001, 143, 150, m. w. Nachw., der zudem zu Recht darauf hinweist, dass die Ausrichtung der Heilungswirkung auf den Kreditvertrag eine rück-

a) *Überweisung an den Verbraucher*

Überweist die Bank den zur Finanzierung des Anteils an dem Immobilienfonds bestimmten Darlehensbetrag auf ein Konto des Darlehensnehmers, ist von einer Heilung auszugehen, wenn ein entsprechendes Einverständnis des Darlehensnehmers vorliegt. Dieses ist erforderlich, weil die Bank es ansonsten in der Hand hätte, sich durch die Überweisung über die Nichtigkeit des Vertrages einseitig hinwegzusetzen[65]. Zwar kann das (stillschweigende) Einverständnis des Empfängers der Überweisung in der Tatsache zu sehen sein, dass der Empfänger von seiner Möglichkeit, die Gutschrift zurückzuweisen[66], keinen Gebrauch macht. Entsprechend den Ausführungen zu den allgemeinen Voraussetzungen einer Genehmigung der Überweisung an einen Dritten[67] wird man jedoch von einem Einverständnis des Verbrauchers nicht ausgehen können, weil der Verbraucher die Nichtigkeit der Vollmacht und damit die Möglichkeit der Zurückweisung der Gutschrift nicht kennt. Dies gilt auch dann, wenn es sich bei dem Konto des Darlehensnehmers um ein solches handelt, das der Bevollmächtigte eigens für die Beteiligung des Darlehensnehmers an dem Immobilienfonds für den Darlehensnehmer eröffnet hat.

Eine Heilung nach § 6 Abs. 2 VerbrKrG käme also in Betracht, wenn der Darlehensnehmer selbst dem Kreditinstitut die Anweisung zur Auszahlung erteilt. Dies kommt allerdings praktisch nicht vor. Denkbar wäre eine Heilung nur, wenn sich der Darlehensnehmer die Anweisung des Bevollmächtigten nach § 164 Abs. 1 BGB zurechnen lassen müsste. Auch davon ist indes nicht auszugehen[68].

b) *Überweisung auf das Konto eines Dritten*

(a) Grundsätze

Die Überweisung auf ein Konto des Verbrauchers ist nicht der praktische Regelfall. Der Umweg der Darlehenssumme über das Konto des

---

wirkende Heilung der Vollmacht erfordert, weil ansonsten der Vertreter gehalten wäre, von der nunmehr geheilten Vollmacht erneut Gebrauch zu machen.

[65] *Bülow*, § 6, Rdnr. 37.

[66] Vgl. BGH, WM 1995, 149. Danach kommt eine Zurückweisung einer Gutschrift jedenfalls dann in Betracht, wenn es im Valutaverhältnis an einem Rechtsgrund fehlt. Diese Voraussetzung ist in den vorliegenden Fällen erfüllt, wenn mangels einer wirksamen Vollmacht kein Kreditvertrag zustande gekommen ist.

[67] Vgl. b) (b).

[68] Vgl. b) (a).

Verbrauchers würde dazu führen, dass die Fondsgesellschaft nicht sofort über den Darlehensbetrag verfügen kann, was aber angesichts der Notwendigkeit, möglichst schnell auf wirtschaftliche Gegebenheiten reagieren zu können, aus Sicht der Entscheidungsträger unbedingt erstrebenswert ist. Zudem werden die Zeichner mit dem Argument geworben, die gesamte Durchführung des Projekts werde durch die Initiatorenseite vorgenommen. Auch mit dieser Vorgabe wäre eine Auszahlung der Darlehensvaluta auf das Konto des Darlehensnehmers nicht in Einklang zu bringen.

Daher wird die Bank regelmäßig angehalten, den Darlehensbetrag auf ein Konto der Fondsgesellschaft, die in Form einer KG oder einer GbR gegründet wird, zu überweisen.

Dabei handelt es sich auch dann um eine Überweisung auf das Konto eines Dritten, wenn die Darlehensvaluta auf das Konto der Fondsgesellschaft (bürgerlichen Rechts) überwiesen wird, deren Gesellschafter der Darlehensnehmer[69] zum Zeitpunkt der Überweisung bereits ist. Dies versteht sich von selbst, wenn man mit der inzwischen h. M. die (Aussen-) Gesellschaft i. S. der Gesellschafter in ihrer Verbundenheit als handlungsfähige Gruppe im Rechtsverkehr anerkennt und ihr insofern Rechtsfähigkeit zuerkennt[70].
Aber auch wenn man mit einer früher vertretenen Meinung der Gesellschaft bürgerlichen Rechts die Fähigkeit absprechen würde, selbst Träger von Rechten und Pflichten zu sein[71], stellt sich die Überweisung auf

---

[69] Hält der Darlehensnehmer den Gesellschaftsanteil über einen Treuhänder, stellt die Überweisung an die Fondsgesellschaft erst recht eine Überweisung an einen Dritten dar.

[70] Vgl. BGH, WM 2001, 408, 409 f. m. w. Nachw. (Versäumnisurteil – bestätigt durch Beschluss vom 18.02.2002, abgedruckt in NJW 2002, 1207); bestätigt durch BGH, ZIP 2001, 1713, hinsichtlich der Fähigkeit der GbR, Kommanditistin einer KG zu sein, und durch BGH, NJW 2001, 2718, 2720, wonach die Haftung des Gesellschafters eine akzessorische nach § 128 HGB ist.

[71] Vgl. die Nachweise bei *Ulmer*, in MüKo, § 714, Rdnr. 23, der diese Auffassung inzwischen selbst aufgegeben hat, vgl. C. II. 2. . Dieser Einschätzung kann nicht gefolgt werden. Die Anerkennung von Gesamthandsvermögen setzt die Existenz einer Personengruppe voraus, denn es kann kein Sondervermögen ohne entsprechenden Rechtsträger geben. Zudem hat die Teilnahme der Personengruppe am Rechtsverkehr notwendig das Entstehen von Gesamthandsvermögen in Form von z. B. Rechten zu Gunsten der Gruppe zur Folge, wenn die Parteien keine andere Vereinbarung treffen, vgl. *Ulmer*, in MüKo, § 705, Rdnr. 129 m. w. Nachw. . Im übrigen differenzieren auch die Vertreter der traditionellen Auffassung zwischen Gesellschaftschuld und Gesellschafterschuld, wobei der BGH die Begründung dieser Auffassung zu Recht

das Konto der GbR als Überweisung an einen Dritten dar. Weil der einzelne Gesellschafter wegen der nach § 719 Abs. 1 BGB gegebenen gesamthänderischen Bindung des zum Vermögen der GbR gehörenden Kontoguthabens über den zu Lasten des auf ihn lautenden Darlehenskontos überwiesenen (Teil-)Betrag nicht verfügen kann, ist ein Empfang des Darlehens i. S. d. § 6 Abs. 2 VerbrKrG - ebenso wie in jedem anderen Fall der Überweisung auf ein Konto eines Dritten - nur gegeben, wenn der Darlehensnehmer selbst die Anweisung zur Überweisung auf dieses Konto erteilt.

Für diese Einschätzung spricht auch die Tatsache, dass ein stillschweigendes Einverständnis[72] hinsichtlich der Überweisung auf ein Konto der Fondsgesellschaft (bürgerlichen Rechts), deren Gesellschafter der Verbraucher zum Zeitpunkt der Überweisung bereits ist, von vornherein ausgeschlossen ist. Wegen der gesamthänderischen Bindung des Gesellschaftsvermögens fehlt es an der Möglichkeit des Verbrauchers, den entsprechenden Betrag zurückzuweisen. Auch aus diesem Grund wäre also, damit ein Empfang angenommen werden kann, das ausdrückliche Einverständnis des Verbrauchers in Form einer Anweisung des Verbrauchers zur Zahlung auf dieses Konto erforderlich.

Im praktischen Regelfall wird indes die Anweisung zur Zahlung auf das Konto des Dritten nicht durch den Verbraucher selbst erteilt. Ein unmittelbarer Kontakt zwischen Bank und Darlehensnehmer kommt nicht zustande. Dies bedeutet, dass es der Bevollmächtigte ist, der i. d. R. nicht nur die Willenserklärung hinsichtlich des Darlehensvertrags abgibt, sondern auch die Bank anweist[73], den Darlehensbetrag auf das Konto des Dritten zu überweisen. In diesem Fall wäre von einem Empfang des Darlehens auszugehen, wenn die Erklärung des Bevollmächtigten dem Darlehensnehmer über § 164 Abs. 1 BGB zugerechnet werden könnte.

Entscheidend gegen eine Zurechnung und damit gegen die Annahme der Heilung der Vollmacht spricht zum einen die Tatsache, dass die Unwirksamkeit der Vollmacht zum Abschluss des Kreditvertrages auch zur Unwirksamkeit der Vollmacht, eine entsprechende Auszahlungsanweisung zu erteilen, führt, § 139 BGB. Weiter ist die Ratio des § 6 Abs. 2 VerbrKrG zu beachten, nämlich den Verbraucher, der den Willen hat,

---

mit der Bemerkung kritisiert, hier werde die Grenze zwischen Schuld und Haftung verwischt, vgl. BGH, WM 2001, 408, 410.

[72] Vgl. a) .

[73] Meist handelt es sich um einen Auftrag zu einer Sammelüberweisung hinsichtlich der Darlehen mehrerer Zeichner.

das Kapital zu nutzen, davor zu schützen, durch den Kreditgeber mit einem Rückzahlungsanspruch aus Bereicherungsrecht (Leistungskondiktion, § 812 Abs. 1 Satz 1 Fall 1 BGB) konfrontiert zu werden. Vor diesem Hintergrund besteht hier nicht die Notwendigkeit, die Vollmacht und damit den Kreditvertrag als geheilt anzusehen[74]. Zum einen besteht beim Verbraucher kein Wille, die Darlehensvaluta zu nutzen. Der entsprechende Wille des „Vertreters", den dieser durch die Erteilung der Anweisung zu erkennen gibt, reicht aber nicht. Zum anderen ist zu berücksichtigen, dass wenn man dem „Vertretenen" die Anweisung nicht zurechnet, dieser nicht einem Anspruch des Kreditgebers aus Leistungskondiktion ausgesetzt ist. Nach richtiger Auffassung hat der Kreditgeber bei fehlender Anweisung vielmehr gegen den Empfänger des Darlehensbetrages, hier also die Fondsgesellschaft, einen Anspruch aus Nichtleistungskondiktion, § 812 Abs. 1 Satz 1 Fall 2 BGB[75].

Ohne Auswirkung auf diese Feststellung ist die Frage, ob zwischen dem Verbraucher und dem Empfänger des Darlehensbetrages die Verbindlichkeit zur Zahlung des Kaufpreises wirksam begründet wurde. Fehlt es von vornherein an einer Vollmacht des Anweisenden, kommt die Erfüllung einer evtl. bestehenden Verbindlichkeit des Verbrauchers gegenüber dem Empfänger der durch die Bank geleisteten Zahlung nicht in Betracht[76], so dass auch unter dem Gesichtspunkt der „Befreiung von einer Verbindlichkeit" ein Rückforderungsanspruch der Bank gegen den Verbraucher nicht besteht[77].

---

[74] Gegen eine Zurechnung der Weisung des Vertreters auch *Volmer*, MittBayNot 1999, 346, 352, m. w. Nachw., weil „anderenfalls der Bevollmächtigte unter Umgehung des Vertretenen eine Weisung erteilen, darüber den Empfang des Darlehens herbeiführen und so ohne Rücksicht auf den Vertretenen die Formnichtigkeit heilen könnte". Ebenso offensichtlich *Horn/Balzer*, WM 2000, 333, 339, die ausschließlich eine Genehmigung des Vertreterhandelns durch den Vertretenen erörtern.

[75] Zur bereicherungsrechtlichen Rückabwicklung und hier vor allem zu der Frage, ob der Darlehensnehmer für die Forderung der Bank gegen die Fondsgesellschaft haftet, vgl. C. . Daneben kommt ein Anspruch der Bank gegen den Vertreter nach § 179 Abs. 1 BGB in Betracht, sofern dem Bevollmächtigten nicht der Nachweis gelingt, dass die Bank den Mangel der Vertretungsmacht kannte oder kennen musste, § 179 Abs. 3 BGB.

[76] Dies wird von LG Mannheim, BB 1999, 2049, 2050, verkannt. Obwohl zunächst ausgeführt wird, dass ein Vollzug durch den Vertreter allein den Formmangel nicht ersetzen kann, nimmt das LG an, die Darlehensnehmer seien durch die Auszahlung der Darlehensbeträge von ihrer Verpflichtung zur Kaufpreiszahlung frei geworden.

[77] Gegen eine Heilung durch Auszahlung des Darlehens unmittelbar an die Initiatorenseite – allerdings ohne nähere Begründung - auch *Masuch*, ZIP 2001, 143, 150 f., m. w. Nachw. .

Entgegen der von *Masuch*[78] vertretenen Auffassung ist es für die Frage, ob die Anweisung des Vertreters dem Verbraucher zugerechnet werden kann, jedoch unerheblich, ob der Verbraucher das mit dem Darlehen finanzierte Wohneigentum, hier: den Fondsanteil, erhält. Wegen der Ratio des § 6 Abs. 2 VerbrKrG kommt eine Heilung zunächst nur in Betracht, wenn der Verbraucher selbst die Anweisung an die Bank erteilt. Von Bedeutung kann die Tatsache, dass der Verbraucher den Fondsanteil erhält und die daraus resultierenden Vorteile in Anspruch nimmt, allerdings hinsichtlich einer möglichen Genehmigung der Auszahlung der Darlehensvaluta an den Dritten sein[79].

(b) Genehmigung durch den Darlehensnehmer

Mit der Ablehnung der Zurechnung der Anweisung ist noch nicht endgültig über die Wirksamkeit des Vertreterhandelns entschieden. Es ist an die Möglichkeit zu denken, dass der Darlehensnehmer durch eine spätere Genehmigung die Wirksamkeit des Vertreterhandelns herbeiführt. Nach §§ 362 Abs. 2, 185 Abs. 2 BGB kann der Schuldner auch an einen Dritten mit befreiender Wirkung leisten, wenn der Gläubiger dem zustimmt. Die Genehmigung verschafft dem Dritten die Rechtsmacht, die geschuldete Leistung vom Schuldner mit schuldtilgender Wirkung anzunehmen[80].

Als konkludente Genehmigung mit der Folge einer Heilung des Darlehensvertrages nach § 6 Abs. 2 VerbrKrG kann jede Handlung des Vertretenen angesehen werden, die sein Einverständnis mit der vom vollmachtlosen Vertreter veranlassten Darlehensauszahlung erkennen lässt[81]. Eine Genehmigung des Vertreterhandelns könnte danach darin gesehen werden, dass der Kreditnehmer in Kenntnis der Auszahlung der Darlehensvaluta das Darlehen vertragsgemäß bedient und hierdurch zu erkennen gibt, dass er das Rechtsgeschäft als gültig behandelt. Als weiterer Anknüpfungspunkt kommt die Tatsache in Betracht, dass der Darlehensnehmer den Darlehensvertrag nach Ablauf der Festzinsperiode verlängert. Schließlich kann die Genehmigung der Auszahlung der Darlehensvaluta an den Dritten auch darin liegen, dass der Verbraucher die mit dem Beitritt zu der Fondsgesellschaft verbundenen (z. B. Steuer-) Vorteile über einen längeren Zeitraum in Anspruch nimmt.

---

[78] A. a. O., unter Berufung auf LG Mannheim, BB 1999, 2049, 2050.
[79] Vgl. (b).
[80] *Schramm*, in MüKo, § 185, Rdnr. 38.
[81] *Horn/Balzer*, WM 2000, 333, 339.

Nach h. M. setzt die Annahme einer schlüssigen Genehmigung allerdings voraus, dass sich der Genehmigende der schwebenden Unwirksamkeit der durch den Vertreter dem Dritten erteilten Empfangsermächtigung und damit der fehlenden Erfüllungswirkung der Zahlung an den Dritten bewusst ist oder zumindest mit einer solchen Möglichkeit gerechnet hat[82]. Ausreichend ist in diesem Zusammenhang, wenn der Erklärende bei Anwendung der im Verkehr erforderlichen Sorgfalt hätte erkennen und vermeiden können, dass sein Verhalten nach Treu und Glauben und der Verkehrssitte als entsprechende Willenserklärung aufgefasst werden musste[83]. Denn Gegenstand einer Willenserklärung ist der nach außen in Geltung gesetzte Rechtsfolgewillen, dessen Feststellung allgemeinen Auslegungsgrundsätzen unterliegt. Danach muss der Handelnde sein äußeres Verhalten, dass der Erklärungsempfänger nach den Umständen als auf Herbeiführung einer bestimmten Rechtsfolge gerichtet auffassen konnte, als Willenserklärung gegen sich gelten lassen[84].

Wendet man die dargestellten Grundsätze auf die hier zu beurteilenden Fälle an, gelangt man zu dem Ergebnis, dass grundsätzlich nicht von einer Genehmigung des Verbrauchers durch Zahlung der entsprechenden Raten bzw. durch Prolongation des Darlehensvertrages auszugehen ist. Für die Mehrzahl der in der Vergangenheit vorgenommenen Zahlungen ergibt sich dies aus dem Umstand, dass die Banken lange Zeit selbst keine Zweifel an der Wirksamkeit der Vollmacht hatten. Die Ratenzahlungen durch die Darlehensnehmer bzw. vorgenommene Prolongationen konnten die Banken demzufolge auch nicht als Genehmigung der durch den Bevollmächtigten veranlassten Zahlung an den Dritten verstehen. Zweifel an der Wirksamkeit der durch die Darlehensnehmer erteilten Vollmachten kamen bei den Banken erstmals nach dem Urteil des LG Potsdam[85] auf, wobei die Banken, die aufgrund der Ausstattung mit Rechtsabteilungen und der Einbindung in jeweilige Verbände zeitnah über solche Entscheidungen informiert werden, nicht ohne weiteres davon ausgehen konnten, dass die Darlehensnehmer ebenfalls Kenntnis von dem Urteil des LG Potsdam und den in der Folgezeit dieses Urteil bestätigenden Urteilen erlangt hatten. Aus der Sicht der Kreditinstitute bestand somit für die Darlehensnehmer grundsätzlich keine Veranlassung zur Genehmigung des Vertreterhandelns bzw. der Auszahlung an den Dritten, so dass die Kreditinstitute das Verhalten der Darlehensnehmer auch nicht als Genehmigung auffassen konnten.

---

[82] Vgl. *Schramm*, in MüKo, § 177, Rdnr. 24 m. w. Nachw. .
[83] Vgl. *Schramm*, a. a. O. .
[84] Vgl. *Hefermehl*, in Soergel, Vor § 116, Rdnr. 16.
[85] WM 1998, 1235.

Weiter ist zu berücksichtigen, dass es sich bei der Frage der Formbedürftigkeit um eine komplizierte Rechtsfrage handelt, deren zuverlässige Einschätzung den Verbrauchern - im Gegensatz zu den mit juristisch geschultem Personal ausgestatteten Banken - unmöglich ist. Die Banken, die dies wissen, können daher nicht davon ausgehen, dass die Darlehensnehmer eine Genehmigung für erforderlich halten. Dies gilt erst recht vor dem Hintergrund, dass die Banken selbst es sind, die ggf. bei den Verbrauchern bestehende Zweifel an der Wirksamkeit der jeweiligen Vollmacht beschwichtigen. Lässt umgekehrt ein Darlehensnehmer durch einen Rechtsanwalt vortragen, die Vollmacht sei wegen Formverstoßes unwirksam, wird i. d. R. keine vorbehaltlose Ratenzahlung mehr an die betreffende Bank erfolgen, anderenfalls wäre ausnahmsweise von einer schlüssigen Genehmigung auszugehen[86]

Die Gegenauffassung[87], wonach als konkludente Genehmigung jede Handlung des Vertretenen angesehen werden könne, mit welcher dieser sein Einverständnis mit dem Handeln des vollmachtlosen Vertreters demonstriere, begründet ihr Ergebnis damit, dass im Rahmen des § 6 Abs. 2 VerbrKrG keine Kenntnis der Formnichtigkeit verlangt wird und dass daher auch für die Genehmigung des Vertretenen ausnahmsweise nicht verlangt werden könne, dass er die Nichtigkeit der Vollmacht kennt oder zumindest mit dieser Möglichkeit rechnet.

Dieser Auffassung kann nicht gefolgt werden. Zwar trifft es zu, dass es im Rahmen von § 6 Abs. 2 VerbrKrG grundsätzlich nicht darauf ankommt, dass sich die Parteien bei Vornahme der Erfüllungshandlung der Heilungswirkung bewusst sind. Dies hängt mit dem Sinn des § 6 Abs. 2 VerbrKrG zusammen, der darin besteht, den Verbraucher nach Empfang des Darlehens vor einer Inanspruchnahme nach Bereicherungsrecht durch den Kreditgeber zu schützen[88]. Dementsprechend scheidet auch eine Anfechtung wegen Irrtums oder Täuschung in Bezug auf solche Willenserklärungen des Kreditgebers oder des Verbrauchers aus, die die Wirkungen des § 6 Abs. 2 VerbrKrG ausgelöst haben[89]. Doch lassen sich daraus keine Erkenntnisse ableiten für die hier zu untersuchende Frage,

---

[86] Danach kommt auch außerhalb des Anwendungsbereiches von § 6 Abs. 2 VerbrKrG eine schlüssige Genehmigung des Kreditvertrages durch Zahlung der Darlehensraten bzw. durch Vereinbarung einer Prolongation grundsätzlich nicht in Frage.

[87] *Horn/Balzer*, WM 2000, 333, 339, unter Berufung auf *Volmer*, MittBayNot 1999, 346, 352.

[88] Vgl. 1. .

[89] Vgl. *Ulmer*, in MüKo, § 6 VerbrKrG, Rdnr. 15 m. w. Nachw. .

ob Voraussetzung einer Genehmigung das Wissen des Genehmigenden um die Unwirksamkeit der Vollmacht oder zumindest die Tatsache ist, dass der Genehmigende mit der Unwirksamkeit rechnete.

Denn die Situation des Verbrauchers, dessen Verhalten möglicherweise als Genehmigung ausgelegt wird, ist nicht mit derjenigen zu vergleichen, in der der Verbraucher das Darlehen bereits empfangen hat. Weil die Genehmigung bei Auszahlung des Darlehens an einen Dritten gerade erst dazu führt, dass das Darlehen durch den Verbraucher als empfangen gilt und weil erst der Empfang des Darlehens eine Rückzahlungspflicht des Verbrauchers auslöst, muss es bei der grundsätzlichen Bewertung bleiben, dass für eine Genehmigung zu fordern ist, dass der Genehmigende zumindest mit der Möglichkeit der Nichtigkeit der Vollmacht rechnete. Nur diese Sichtweise lässt dem Verbraucher die Möglichkeit, einen Empfang des Darlehens und damit eine Rückzahlungspflicht gegenüber dem Kreditgeber überhaupt zu verhindern.

B. Formerfordernisse nach dem Rechtsberatungsgesetz

I. Erlaubnispflicht

Nach Art. 1 § 1 RberG darf die Besorgung fremder Rechtsangelegenheiten, einschließlich der Rechtsberatung und der Einziehung fremder oder zu Einziehungszwecken abgetretener Forderungen, geschäftsmäßig nur von Personen betrieben werden, denen dazu von der zuständigen Behörde die Erlaubnis erteilt ist.

Dass die Treuhänder/Bevollmächtigten i. d. R. über eine solche Erlaubnis nicht verfügen, könnte die Unwirksamkeit des Darlehensvertrages zur Folge haben.

1. Besorgung fremder Rechtsangelegenheiten

Besorgung fremder Rechtsangelegenheiten ist die unmittelbare Förderung konkreter fremder Rechtsangelegenheiten entweder durch unmittelbare Wahrnehmung Dritten gegenüber, also nach außen als Bevollmächtigter, oder nur nach innen durch Rechtsberatung oder Entwerfen von Schriftsätzen usw., dergestalt, dass diese Rechtsangelegenheit einem gewissen Abschluss, sei es zwecks Rechtsgestaltung, sei es zwecks Rechtsverwirklichung, zugeführt werden[90]. Eine auf Rechtsges-

[90] *Altenhoff/Busch/Chemnitz*, Art. 1 § 1, Rdnr. 61 m. w. Nachw. .

taltung, d. h. auf die Schaffung oder Veränderung von Vertragsverhältnissen abzielende Tätigkeit ist z. B. bei Abschluss von Kauf- oder ähnlichen Verträgen oder bei Stellung von Anträgen auf Eintragung von Veränderungen beim Grundbuchamt bzw. beim Handels- und Vereinsregister gegeben[91]. Der Rechtsverwirklichung, d. h. der Durchsetzung oder Sicherung von Rechten und Ansprüchen bzw. der Klärung bestehender Rechtsbeziehungen dienende Tätigkeiten sind z. B. Zahlungsaufforderungen und Anträge auf Erlass von einstweiligen Verfügungen[92].

Zu unterscheiden sind die Rechtsangelegenheiten von den Wirtschaftsangelegenheiten, die durch das Rechtsberatungsgesetz nicht berührt werden. Die Abgrenzung ist oft schwierig, weil in einer Vielzahl von Fällen die Besorgung von Geschäften wirtschaftlicher Art mit der Besorgung der rechtlichen Aspekte dieser Geschäfte untrennbar verbunden ist. Maßgeblich ist insofern das Rangverhältnis, in dem die wirtschaftliche und die rechtliche Besorgung zueinander stehen[93]. Aufschluss über die Gewichtung dieser beiden Aspekte geben dabei die Absichten des Auftraggebers. Wird etwa der Auftrag zum Abschluss eines Kaufvertrages deswegen erteilt, weil sich der Auftraggeber durch die Aufnahme bestimmter, durch den Beauftragten zu gewährleistender Formulierungen, die Sicherung einer bestimmten – günstigen – Rechtsposition verspricht, stellt der Abschluss des entsprechenden Kaufvertrages durch den Beauftragten die Besorgung einer fremden Rechtsangelegenheit dar, weil der Schwerpunkt der Tätigkeit des Geschäftsbesorgers auf dem rechtlichen Aspekt zu sehen ist. Allgemein lässt sich feststellen, dass der Abschluss eines Vertrages immer dann eine Rechtsbesorgung darstellt, **wenn der Geschäftsbesorger hinsichtlich der Formulierung des Vertrages Spielraum hat** und die Formulierung Einfluss auf die Rechtsposition des Auftraggebers hat. Allerdings ist in einer solchen Konstellation ausnahmsweise nicht von einer Rechtsbesorgung auszugehen, wenn sich die mit der wirtschaftlichen Tätigkeit verbundene rechtliche Tätigkeit in jedermann geläufigen Formen abspielt und daher ihrer Art nach überhaupt nicht mehr als eine Betätigung auf rechtlichem Gebiet empfunden wird, wie das z. B. beim Barkauf der Fall ist[94].

---

[91] *Rennen/Caliebe*, Art. 1 § 1, Rdnr. 15 m. w. Nachw. .
[92] *Rennen/Caliebe*, a. a. O. .
[93] *Rennen/Caliebe*, Art. 1 § 1, Rdnr. 16. In diesem Sinne auch OLG München, WM 2000, 130, 132 m. w. Nachw.: „Jemand, der für einen anderen einen Kaufvertrag abschließt, übt zwar für diesen eine Tätigkeit auf rechtlichem Gebiet aus, zu einer Rechtsangelegenheit wird diese Tätigkeit aber erst dann, wenn die rechtliche Erörterung im Vordergrund steht".
[94] *Altenhoff/Busch/Chemnitz*, Art. 1 § 1 Rdnr. 68. In diesem Fall steht die rechtliche Erörterung nicht im Vordergrund, vgl. OLG München, WM 2000, 130, 132.

Wendet man die dargestellten Grundsätze auf die im Rahmen des Beitritts zu Immobilienfonds zwischen den Zeichnern und den Treuhändern geschlossenen Geschäftsbesorgungsverträge an, scheidet eine Besorgung fremder Rechtsangelegenheiten jedenfalls dann aus, wenn der Treuhandvertrag eine Klausel enthält, wonach der Treuhänder für den Treugeber nur „den Abschluss und die Durchführung der dem notariellen Angebot zum Abschluss des Treuhandvertrages beigefügten vorformulierten Verträge übernimmt" und diese vorformulierten Verträge, z. B. der Gesellschaftsvertrag der Fondsgesellschaft, dem Treugeber zum Zeitpunkt der Annahme des Angebotes zum Abschluss des Treuhandvertrages tatsächlich vorliegen. Weil der Treugeber in einem solchen Fall im Grunde über seine rechtliche Position selbst entscheidet, steht für ihn – was die Einschaltung des Treuhänders betrifft - eindeutig der wirtschaftliche, aus der Beteiligung an dem Immobilienfonds resultierende Erfolg im Vordergrund.

Umgekehrt spricht es für die Annahme, dass der Rechtsbesorgung wesentliches Gewicht beigemessen wird, wenn der Treugeber dem Treuhänder die Gestaltung eines bestimmten Vertrages überlässt. Eine solche Konstellation lag dem Sachverhalt zu Grunde, über den das OLG Koblenz[95] zu urteilen hatte. Dabei hat das OLG verkannt, dass die Feststellung, dem Treugeber hätten zum Zeitpunkt des Abschlusses des Treuhandvertrages alle durch den Treuhänder abzuschließenden Verträge vorgelegen, nicht auf den durch den Treuhänder vorzunehmenden Abschluss des jeweiligen Kreditvertrages zutraf: Zwar war im Treuhandvertrag bereits die Höhe des zu beantragenden Darlehens und die Art der zu bestellenden Sicherheit bestimmt. Weil aber der Treuhänder beauftragt war, überhaupt erst eine finanzierende Bank auszusuchen, kann der jeweilige Darlehensvertrag nicht vorgelegen haben. Es war daher die Aufgabe des Treuhänders, mit dem finanzierenden Kreditinstitut eine vertragliche Regelung bezüglich wesentlicher Modalitäten des Darlehens, z. B. hinsichtlich der Art der Rückzahlung oder der Voraussetzungen einer Kündigung des Darlehens, zu treffen.

Daran ändert auch die Feststellung des Gerichts nichts, dass der Inhalt des jeweiligen Darlehensvertrages durch die Bank vorformuliert wurde. Zum einen ist bereits fraglich, ob die Annahme des Gerichts, die Verträge seien in dem Sinne vorformuliert, dass die Bank hinsichtlich der Ausgestaltung der Verträge nicht zu Zugeständnissen bereit gewesen sei, zutrifft. Denn in den Fällen, in denen der Bank die Finanzierung von Anteilen einer großen Zahl von Zeichnern in Aussicht gestellt wird, ist die

---

[95] Urt. v. 18.12.2000, AZ: 13 U 927/00, n. v., Revision BGH XI ZR 34/01.

Verhandlungsposition des Geschäftsbesorgers jedenfalls stark genug, um die Bank zu Änderungen ihrer vorformulierten Verträge zu bewegen. Zum anderen kommt es für die Frage, ob von der Besorgung einer fremden Rechtsangelegenheit auszugehen ist, nur darauf an, ob derjenige, dessen Angelegenheit besorgt wird, dem Beauftragten einen Handlungsspielraum lässt. Insofern blieb – entgegen der Auffassung des OLG Koblenz - dem Treuhänder mehr als die Aufgabe, den Kreditgeber auszuwählen, der die günstigste Finanzierung anbot. In diesem Sinne zutreffend hat der BGH[96] angesichts der Befugnis des Treuhänders, die Bedingungen des Kaufvertrages im Rahmen eines Bauträgermodells festzulegen, eine Erlaubnispflicht angenommen.

Erst recht ist von einer Erlaubnispflicht auszugehen, wenn der Treuhänder nicht nur das Recht hat, durch den Treugeber bestimmte Verträge zu gestalten, sondern darüber hinaus gar ermächtigt ist, selbst zu bestimmen, welche Verträge zur Erreichung eines durch den Treugeber bestimmten Zieles erforderlich sind. Eine derartige Konstellation liegt vor, wenn der Zeichner den Treuhänder „mit der Vornahme aller Rechtsgeschäfte und Rechtshandlungen beauftragt, die zur Erreichung des Gesellschaftszwecks erforderlich oder zweckmäßig sind“ und gleichzeitig der Zeichner den Treuhänder bevollmächtigt, ihn in allen Angelegenheiten zu vertreten, die mit dem Abschluss der hierfür erforderlichen Verträge zusammenhängen.

2. Geschäftsmäßiges Betreiben

Der Begriff der Geschäftsmäßigkeit erfordert eine Tätigkeit, bei der der Handelnde beabsichtigt, sie – sei es auch nur bei sich bietender Gelegenheit – in gleicher Art zu wiederholen und sie dadurch zu einem dauernden oder wiederkehrenden Bestandteil seiner Beschäftigung zu machen[97].

Diese Voraussetzung ist bei den hier zu untersuchenden Fondsmodellen regelmäßig erfüllt. Nach dem Modell der Initiatoren soll die oftmals eigens für diesen Zweck gegründete, als Treuhänderin fungierende Kapitalgesellschaft für alle Zeichner dieses und evtl. auch weiterer durch die betreffende Initiatorengruppe aufgelegten Fonds die Aufgabe eines Geschäftsbesorgers übernehmen.

---

[96] WM 2000, 2443, bestätigt durch BGH, NJW 2001, 3774.
[97] *Altenhoff/Busch/Chemnitz*, Art. 1 § 1, Rdnr. 102.

3. Ausnahmetatbestand, Art. 1 § 5 Nr. 1 RBerG

Nach dieser Bestimmung dürfen kaufmännische oder sonstige gewerbliche Unternehmer ohne Erlaubnis nach Art. 1 § 1 RBerG für ihre Kunden rechtliche Angelegenheiten erledigen, die mit einem Geschäft ihres Gewerbebetriebes in unmittelbarem Zusammenhang stehen. Der Sinn dieser Regelung besteht darin, Berufe, die sich sachgerecht nicht immer ohne gleichzeitige Rechtsberatung oder sonstige Rechtsbesorgung ausüben lassen, von dem Erlaubniszwang des Art. 1 § 1 RBerG freizustellen[98].

Die Ausnahmeregelung setzt voraus, dass der Unternehmer überhaupt zwei Geschäfte besorgt, und zwar ein zu seiner eigentlichen Berufsaufgabe gehörendes Hauptgeschäft, das keine Rechtsbesorgung darstellt, und ein notwendiges Hilfsgeschäft, das an sich nach Art. 1 § 1 RBerG erlaubnispflichtig ist[99]. Weil in den vorliegenden Fällen die Treuhänder – Gesellschaft i. d. R. eigens zu dem Zweck der Übernahme der Funktion des Treuhänders gegründet wird und sich die geschäftliche Tätigkeit der Treuhandgesellschaft auf diesen Zweck beschränkt, fehlt es bereits an der Voraussetzung, dass der Unternehmer zwei Geschäfte besorgt. I. d. R. scheidet daher die Annahme des Ausnahmetatbestandes aus.

II. Erteilung der Erlaubnis

Ist die anhand der dargestellten Kriterien zu überprüfende Erlaubnispflicht gegeben, sind für die Erteilung einer Erlaubnis[100] an eine juristische Person[101] die §§ 10 und 3 RBerV zu beachten.

Nach § 10 Abs. 1 RBerV soll juristischen Personen die Erlaubnis nur erteilt werden, wenn besondere Umstände für diese Rechtsform der Betriebsführung sprechen. Im Gegensatz zu Berufen, die ihrer Natur nach fast ausschließlich von juristischen Personen ausgeübt werden (z. B. Banken und Versicherungen), weil das zur Ausübung der beruflichen Tätigkeit erforderliche Haftungskapital nur von einer Kapitalgesellschaft aufgebracht werden kann, wird der Beruf des Rechtsbeistands typischerweise nicht in der Form der juristischen Person, sondern von natür-

---

[98] BGH, WM 2443, 2445.
[99] BGH, a. a. O. .
[100] Zuständig ist nach § 11 Abs. 1 RBerV der Präsident des Landgerichts, in dessen Bezirk die Rechtsbesorgung ausgeübt werden soll.
[101] Dies ist - was Immobilienfondsmodelle betrifft - der praktische Regelfall.

lichen Personen ausgeübt[102]. Im konkreten Einzelfall wären also von einer um eine Erlaubnis nachsuchenden Kapitalgesellschaft derartige besondere Umstände darzulegen.

Nach § 10 Abs. 2 RBerV ist in dem Gesuch anzugeben, welche gesetzlichen Vertreter oder leitenden Angestellten die Rechtsbesorgung tatsächlich ausüben sollen. Entsprechend bestimmt § 3 RBerV, dass die Erlaubnis nur zur Berufsausübung durch die in der Erlaubnis namentlich bezeichneten Personen ermächtigt. Weil es somit auf den konkret Handelnden ankommt, ist eine Erlaubnis jedenfalls nicht allein deswegen entbehrlich, weil es sich z. B. bei dem Geschäftsführer der Treuhand-GmbH um eine Person handelt, deren Berufstätigkeit gem. § 3 RBerG nicht durch das Rechtsberatungsgesetz berührt wird. Denn mit der Besetzung der Position des Geschäftsführers mit einer nach § 3 RBerG von der Erlaubnispflicht freigestellten Person ist keine Entscheidung darüber getroffen, wer im konkreten Einzelfall für die juristische Person die rechtsbesorgende Tätigkeit ausüben soll.

Umgekehrt hat die Anknüpfung der Erteilung der Erlaubnis an den konkret Handelnden zur Folge, dass eine Erlaubnis entbehrlich ist, wenn ausschließlich eine oder mehrere nach § 3 RBerG von der Erlaubnispflicht freigestellte Person(en) die Rechtsbesorgung namens der juristischen Person ausüben soll(en)[103]. Voraussetzung für die Wirksamkeit einer vertraglichen Vereinbarung ist aber, dass im konkreten Fall tatsächlich eine nach § 3 RBerG freigestellte Person für die juristische Person gehandelt hat. Im Ergebnis bedeutet dies, dass z. B. trotz Fehlens einer entsprechenden Erlaubnis keine Bedenken gegen die Wirksamkeit eines durch eine Treuhand-GmbH mit einer Bank geschlossenen Kreditvertrages bestehen, wenn für die GmbH ein Rechtsanwalt gehandelt hat.

III. Fehlen der erforderlichen Erlaubnis: Auswirkung auf die Vollmacht

Fehlt in einem konkreten Fall trotz einer bestehenden Erlaubnispflicht die entsprechende behördliche Erlaubnis, ist der Geschäftsbesorgungsvertrag gem. §§ 134 BGB i. V. m. Art. 1 § 1 RBerG nichtig.

---

[102] Vgl. *Altenhoff/Busch/Chemnitz*, Art. 1 § 1, Rdnr. 283.
[103] Dies wird in *Altenhoff/Busch/Chemnitz*, Art. 1 § 1, Rdnr. 272 m. w. Nachw., verkannt, wo ohne Differenzierung bei fehlender Erlaubnis die Pflicht zur Löschung von Amts wegen nach § 142 FGG angenommen wird.

Die Erteilung der Vollmacht selbst verstößt nicht gegen das Rechtsberatungsgesetz. Wer einen anderen bevollmächtigt, für ihn Rechtsangelegenheiten zu besorgen, besorgt selbst gerade keine fremden, sondern eigene Angelegenheiten. Zwar mag es dem Bevollmächtigten gem. Art. 1 § 1 RBerG untersagt sein, von der Vollmacht Gebrauch zu machen. Daraus lässt sich aber kein Verbot für den Vollmachtgeber entnehmen, und das Verbot für den Bevollmächtigten schlägt nicht auf die Erteilung der Vollmacht durch, weil diese ein einseitiges Rechtsgeschäft ist[104].

Zu berücksichtigen ist aber die Vorschrift des § 168 Satz 1 BGB. Danach hat die Nichtigkeit des Geschäftsbesorgungsvertrages die Nichtigkeit der Vollmacht zur Folge. Nach § 674 BGB gilt allerdings der Geschäftsbesorgungsvertrag und damit auch die Vollmacht zu Gunsten des Bevollmächtigten als fortbestehend, bis der Bevollmächtigte von der Nichtigkeit des Geschäftsbesorgungsvertrages Kenntnis erlangt oder die Nichtigkeit kennen muss. An diesem Vertreterschutz nehmen die Geschäftsgegner infolge der Reflexwirkung der fingierten Vertretungsmacht teil[105]. Auf die Gutgläubigkeit des Vertreters kommt es aber nur an, wenn seine Vertretungsmacht auf einer reinen Innenvollmacht beruht. Handelt es sich bei der erteilten Vollmacht hingegen um eine Außenvollmacht, der mitgeteilten Innenvollmacht oder legt der Vertreter dem Geschäftsgegner eine Vollmachtsurkunde vor, bestimmt sich der Schutz des Rechtsverkehrs nach §§ 170 – 173 BGB.

Weil in den hier zu untersuchenden Fällen die Bevollmächtigten sich regelmäßig durch Vorlage einer Vollmachtsurkunde legitimieren, ist die Vorschrift des § 172 BGB maßgeblich[106]. Danach wird die Bank, mit der der entsprechende Kreditvertrag geschlossen wird, in ihrem Vertrauen auf den Bestand der Vollmacht geschützt, wenn ihr das Original - oder bei notarieller Beurkundung eine Ausfertigung[107] - der Vollmacht[108] vorgelegt wird. Für vor dem Urteil des BGH vom 28.09.2000[109] geschlossene Verträge gilt dies auch dann, wenn dem Kreditinstitut mit der Vollmacht

---

[104] Vgl. *Ganter*, WM 2001, 195.
[105] Vgl. *Schramm*, in MüKo, § 169, Rdnr. 5.
[106] Über den Wortlaut hinaus gilt die Vorschrift auch dann, wenn die Vollmacht von Anfang an nicht wirksam erteilt ist, vgl. *Heinrichs*, in Palandt, § 173 BGB, Rdnr. 1 m. w. Nachw. .
[107] Vgl. § 47 BeurKG.
[108] *Schramm*, in MüKo, § 172, Rdnr. 8, der zu Recht darauf hinweist, dass Abschriften in unbeschränkter Zahl angefertigt werden können, nicht der Rückgabepflicht nach § 175 BGB unterliegen und nichts über den Verbleib der Urschrift aussagen; so im Ergebnis auch BGH, WM 2002, 1273, 1274.
[109] WM 2001, 1024.

der Geschäftsbesorgungsvertrag vorgelegt wird. Denn das Kreditinstitut muss nicht klüger sein, als der Notar, dem der BGH zugute gehalten hat, er habe bei der Beurkundung nicht ernsthaft an eine Erlaubnispflicht nach den Vorschriften des Rechtsberatungsgesetzes denken müssen[110]. Weiter kann eine Haftung aus Rechtsschein nach den Grundsätzen der Duldungsvollmacht auch zu bejahen sein, wenn das Vertrauen der Bank auf den Bestand der Vollmacht an andere Umstände als die Vollmachtsurkunde anknüpft, z. B. an die Tatsache, dass der Kreditnehmer die von ihm selbst unterzeichneten Vermögensnachweise seinem „Bevollmächtigten" zur Vorlage bei der finanzierenden Bank übergibt[111].

Handelt es sich um einen Kreditvertrag, der nach der Veröffentlichung des Urteils vom 28.09.2000 abgeschlossen wurde bzw. in Zukunft abgeschlossen wird, kommt ein Schutz der Bank nach Rechtsscheinsgesichtspunkten in Betracht, wenn der Bank eine isolierte Vollmacht vorgelegt wird. Das Kreditinstitut ist in diesem Fall nicht verpflichtet, nachzuforschen, ob der Vollmacht etwa ein nach § 134 BGB i. V. m. Art. 1 § 1 RBerG nichtiger Geschäftsbesorgungsvertrag zu Grunde liegt. Wird der Bank hingegen – was in der Praxis häufiger vorkommen dürfte – die Vollmacht zusammen mit dem Geschäftsbesorgungsvertrag vorgelegt, kann sich die Bank im Falle der Nichtigkeit des Geschäftsbesorgungsvertrages wegen Verstoßes gegen das Rechtsberatungsgesetz nicht auf Rechtsscheinsgesichtspunkte berufen. Bei dieser Konstellation ist im Ergebnis die Vollmacht also als unwirksam zu betrachten[112].

C. Rückabwicklung bei Unwirksamkeit der Vollmacht

Ist ein Darlehensvertrag zwischen Bank und Verbraucher nicht zustande gekommen, hat der Verbraucher gegen die Bank einen Anspruch auf Erstattung der durch den Verbraucher an die Bank geleisteten Raten gem. § 812 Abs. 1 Satz 1 Fall 1 BGB.

Was die Ansprüche der Bank betrifft, wurde bereits dargestellt, dass im Regelfall der Darlehensbetrag auf Anweisung des Bevollmächtigten auf

---

[110] So auch BGH, ZIP 2001, 1990, 1992; ebenso *Bruchner*, ZfIR 2001, 128, 129; im Ergebnis zutreffend OLG München, Urt. v. 22.03.2001, AZ: 19 U 4286/00, n. v., Revision BGH 202/01, S. 11 f. des Urt., wo allerdings nicht danach differenziert wird, ob der Bank neben der Vollmacht auch der Geschäftsbesorgungsvertrag vorgelegen hat.

[111] Vgl. *Bruchner*, a. a. O.; OLG Karlsruhe, WM 2001, 1210, 1212 (Revision BGH XI ZR 155/01).

[112] So auch *Ganter*, WM 2001, 195,196.

das Konto der Fondsgesellschaft, die in der Rechtsform der KG oder der GbR besteht, überwiesen wird. Weil die Unwirksamkeit der Vollmacht zum Abschluss des Kreditvertrages gem. § 139 BGB auch zur Unwirksamkeit der Vollmacht hinsichtlich der Auszahlungsanweisung führt, fehlt es an einer wirksamen Anweisung des Darlehensnehmers. Untersucht wird im Folgenden die Rückabwicklung bei Vorliegen dieser in der Praxis fast ausschließlich anzutreffenden Konstellation[113].

I. Bereicherungsrechtliche Grundsätze zu den sog. Anweisungsfällen

Da es sich im Falle einer wirksamen Anweisung bei der Zuwendung des Angewiesenen an den Anweisungsempfänger rechtlich um eine Leistung des Angewiesenen an den Anweisenden und um eine Leistung des Anweisenden an den Anweisungsempfänger handelt, vollzieht sich bei Nichtigkeit des entsprechenden Vertrages der Bereicherungsausgleich innerhalb dieser Leistungsbeziehung. Danach hat z. B. die zur Zahlung an einen Dritten angewiesene Bank bei Nichtigkeit des mit dem Anweisenden geschlossenen Darlehensvertrages sich mit ihrem Vertragspartner auseinander zu setzen. Ein Durchgriff der Bank gegen den Empfänger des Darlehensbetrages kommt nicht in Betracht.

Die Frage, was die tatsächlich anders abgelaufene Vermögensbewegung rechtlich zu einer Vermögensbewegung zwischen Anweisendem und Angewiesenen auf der einen Seite sowie zwischen Anweisendem und Anweisungsempfänger auf der anderen Seite werden lässt, wird von *Reuter/Martinek*[114] ausgehend von Erwägungen zum Erfüllungsrecht[115] beantwortet. Die tatsächliche Leistung des Angewiesenen an den Anweisungsempfänger wird dadurch rechtlich zu einer Leistung des Angewiesenen an den Anweisenden, dass der Angewiesene gegenüber dem Anweisenden eine Tilgungs- bzw. Zweckbestimmung abgibt und gleichzeitig der Anweisungsempfänger gem. §§ 362 Abs. 2, 185 BGB zum Empfang ermächtigt ist, und dadurch zusätzlich rechtlich zu einer Leistung des Anweisenden an den Anweisungsempfänger, dass dem Anwei-

---

[113] Wird der Darlehensbetrag an den Darlehensnehmer selbst überwiesen, hat die Bank bei Nichtigkeit des Darlehensvertrages einen Bereicherungsanspruch nach § 812 Abs. 1 Satz 1 Fall 1 BGB gegen den Darlehensnehmer.

[114] *Reuter/Martinek*, S. 398.

[115] *Reuter/Martinek*, S. 389: „ Was im Falle der Wirksamkeit des Schuldverhältnisses die Erfüllung infolge von Zuwendungen an bzw. durch Dritte bewirkt, muss im Falle der Unwirksamkeit die Rückgewährpflicht zwischen den Parteien der vermeintlichen Schuldverhältnisse auslösen“.

sungsempfänger durch den Angewiesenen eine entsprechende Tilgungs- bzw. Zweckbestimmung des Anweisenden übermittelt wird.

Fehlt es an einer Anweisung, findet mangels einer Empfangsermächtigung des Empfängers keine Leistung des „Angewiesenen" an den „Anweisenden" statt. Der scheinbar Angewiesene hat die Möglichkeit des Bereicherungsdurchgriffs gegen den Empfänger. Weil zwischen diesen beiden eine Leistung mangels Abgabe und Zugang einer wirksamen Tilgungs- bzw. Zweckbestimmung nicht stattgefunden hat, ist der Bereicherungsdurchgriff als ein Fall der Nichtleistungskondiktion gem. § 812 Abs. 1 Satz 1 Fall 2 BGB einzustufen[116].

II. Anwendung auf die vorliegende Fallgestaltung

1. Anspruch gegen die Fondsgesellschaft

Ist die Vollmacht zum Abschluss des Kreditvertrages nichtig, ist davon gem. § 168 Satz 1 BGB auch die dem „Bevollmächtigten" ausgestellte Vollmacht zur Erteilung einer Auszahlungsanweisung[117] an die darlehensgewährende Bank erfasst. Weil es an einer Anweisung des vermeintlichen Darlehensnehmers zur Auszahlung an die Fondsgesellschaft fehlt, stellt die Auszahlung an die Fondsgesellschaft keine Leistung der Bank an den vermeintlichen Darlehensnehmer dar. Die Bank hat die Möglichkeit des Bereicherungsdurchgriffs gegen den Empfänger der Darlehensvaluta, also die Fondsgesellschaft[118].

In der Anfangsphase eines Fonds werden die Erwartungen der Zeichner regelmäßig erfüllt. Zahlungsschwierigkeiten einzelner Zeichner treten meist – bedingt durch Mietausfälle bzw. dadurch, dass Rücklagen einzelner Zeichner aufgebraucht sind – erst einige Jahre nach Schließung des Fonds auf. Die in Anspruch genommene Fondsgesellschaft hat daher häufig die Möglichkeit, sich auf § 818 Abs. 3 BGB zu berufen, weil sie im Vertrauen darauf, den Darlehensbetrag behalten zu dürfen, über mehrere Jahre Ausschüttungen an den bzw. die mit der Fondsgesellschaft und der Bank im Rechtsstreit befindlichen Zeichner vorgenommen

---

[116] BGH, ZIP 1994, 1098, 1100 m. w. Nachw.; *Reuter/Martinek*, S. 429; für den Bereicherungsdurchgriff bei Fehlen von Anweisung und Tilgungsbestimmung auch Lieb, in MüKo, § 812, Rdnr. 58 ff.; ebenso Larenz/Canaris, S. 225 – 229, die sich zur Begründung auf die Interessenlage der Beteiligten berufen.

[117] In den verwendeten Vollmachtsformularen wird dem Bevollmächtigten das Recht eingeräumt, „...über Eigen- und Fremdmittel des Vollmachtgebers zu verfügen".

[118] Zur Rechtsfähigkeit der Fondsgesellschaft in Form der GbR, vgl. A. II. 3. b) (a) .

hat. Dabei ist es der Fondsgesellschaft gestattet, sich gegenüber der Kondiktion der Bank mit der Abtretung ihres Bereicherungsanspruchs gegen den Zeichner nach § 812 Abs. 1 Satz 1 Fall 1 BGB zu begnügen[119].

Dass ein Bereicherungsanspruch der Gesellschaft gegen den Zeichner besteht, ergibt sich aus folgenden Erwägungen:

Es ist davon auszugehen, dass der Verbraucher der Gesellschaft auch dann beigetreten wäre, wenn er von der Nichtigkeit der Vollmacht zum Abschluss des Kreditvertrages wegen Verstoßes gegen das Verbraucherkreditgesetz gewusst hätte (§ 139 BGB). Denn für den Zeichner steht der Beitritt zu der Gesellschaft, von dem er sich wirtschaftliche Vorteile erhofft, im Vordergrund. Das Darlehen wird von den Zeichnern lediglich als „Mittel zum Zweck" betrachtet, von dessen Wirksamkeit die Gesellschafterstellung nicht abhängig sein soll. An dieser Einschätzung des Zeichners würde sich auch dann nichts ändern, wenn ihm bei Erteilung der Vollmacht z. B. die effektive monatliche Belastung vor Augen geführt würde. Denn nach der ihm durch den Vermittler dargestellten Modellrechnung überwiegen die mit dem Beitritt verbundenen finanziellen Vorteile die aus dem Darlehensvertrag resultierenden Belastungen. Der „Mangel" des Darlehensvertrages, hier: die unvollständige Information, wirkt sich also nicht auf die Motivation bezüglich des Beitritts zu der Fondsgesellschaft aus. Darin liegt der Unterschied zu den Fällen, in denen die Bank gegen ihre Pflicht zur Aufklärung über Risiken, die mit dem Fondsbeitritt verbunden sind, verstößt. Bei vollständiger Aufklärung hätte der Zeichner von einem Beitritt abgesehen; somit wäre es auch nicht zu dem Abschluss eines Darlehensvertrages gekommen[120]. Danach ergibt sich das Recht der Gesellschaft zur Rückforderung der Ausschüttungen aus der mit dem Zeichner getroffenen Vereinbarung, wonach Ansprüche auf Ausschüttungen an die aufschiebende Bedingung (§ 158 Abs. 1 BGB) vollständiger Einzahlung der Kapitaleinlage geknüpft sind[121]. Weil es aber mangels einer wirksamen Bevollmächtigung des die Bank Anweisenden an einer der Fondsgesellschaft übermittelten Tilgungs- bzw. Zweckbestimmung des Verbrauchers fehlt, ist eine Erfüllung der Verpflichtung zur Einzahlung der Kapitaleinlage nicht gegeben.

---

119 *Lieb*, in MüKo, § 812, Rdnr. 65.

120 Vgl. Abschnitt II, C. .

121 Beispiel für eine entsprechende Klausel: „... Bei Beitritt beginnt die Ausschüttungsberechtigung ab dem ersten des auf die vollständige Einzahlung der Kapitaleinlage zzgl. Agio folgenden Monats, frühestens anteilig ab dem ...".

Um eine Leistung der Fondsgesellschaft an den Verbraucher mit der Folge eines im Rahmen des Entreicherungseinwands gegenüber der Bank geltend zu machenden Bereicherungsanspruchs gegen den Verbraucher handelt es sich auch dann, wenn der Kapitalanteil nicht durch den Verbraucher selbst, sondern durch einen Treuhänder gehalten wird. Zwar ist der h. M. grundsätzlich darin zuzustimmen, dass bei Zahlung auf Grund abgetretener Forderung – hier: Abtretung der dem Treuhänder als Gesellschafter zustehenden Ansprüche auf Ausschüttung – die Rückabwicklung grundsätzlich übers Dreieck zu erfolgen hat[122]. Ansonsten läuft der Zessionar bei Inanspruchnahme durch den Schuldner aus Bereicherungsrecht Gefahr, wegen des mit der Zahlung auf die erfüllungshalber abgetretene Forderung verbundenen Verlustes der im Valutaverhältnisses gegen den Zedenten bestehenden Forderung insgesamt leer auszugehen[123].

Im Hinblick auf die hier gegebene besondere Konstellation ist jedoch eine abweichende Betrachtung gerechtfertigt. Auch bei Einschaltung eines Treuhänders schuldet der Verbraucher zu dem in der Beitrittsvereinbarung festgelegten Termin die vollständige Einzahlung der Kapitaleinlage, weil die aus der Beitrittsvereinbarung resultierende Verpflichtung des Verbrauchers zur Zahlung der Kapitaleinlage zu den in der Beitrittsvereinbarung bestimmten Bedingungen im Verhältnis zu der Gesellschaft unabhängig von der Frage festgelegt ist, ob der Verbraucher den Kapitalanteil selbst oder über einen Treuhänder hält. Dem entspricht insofern auch die Regelung des Innenverhältnisses zwischen Treugeber und Treuhänder, als die jeweiligen Treuhandverträge eine Bestimmung enthalten, wonach der Treugeber gegen Abtretung der dem Treuhänder zustehenden Ansprüche auf Ausschüttung verpflichtet ist, den von ihm übernommenen Beteiligungsbetrag gemäß den Bedingungen der Beitrittsvereinbarung auf das dort genannte Konto einzuzahlen.

Wegen dieser besonderen Vereinbarung zwischen Fondsgesellschaft, Treuhänder und Treugeber ist in den vorliegenden Fällen die Zahlung des Schuldners, also der Fondsgesellschaft, an den Zessionar der Forderung, also den Treugeber, ausnahmsweise als Leistung des Schuldners an den Zessionar der Forderung, und nicht an den Zedenten, anzusehen. Denn **wirtschaftlich gesehen handelt es sich hier um ein Zweipersonenverhältnis**, zumal es der Zessionar in den vorliegenden Fällen selbst in der Hand hat, (durch Zahlung der Einlage bzw. dadurch,

---

[122] Vgl. *Lieb*, in MüKo, § 812, Rdnr. 121 m. w. Nachw., auch zur gegenteiligen Auffassung.
[123] Vgl. *Lieb*, in MüKo, § 812, Rdnr. 122.

dass er die Auszahlung durch die Bank als Leistung an sich gelten lässt) die abgetretene Forderung zum Entstehen zu bringen.

Ist der Verbraucher nicht Gesellschafter geworden, weil entweder auch die Vollmacht zur Abgabe der Beitrittserklärung – wegen Verstoßes gegen das Rechtsberatungsgesetz - als nichtig zu betrachten ist oder der Beitritt nach § 123 BGB z. B. wegen arglistiger Täuschung durch den Anlagevermittler über die zu erwartende Rendite des Fonds erfolgreich angefochten wurde, besteht ebenfalls ein Bereicherungsanspruch der Fondsgesellschaft gegen den Verbraucher aus Leistungskondiktion gem. § 812 Abs. 1 Satz 1 Fall 1 BGB. Dabei kommen die Regeln über die fehlerhafte Gesellschaft in diesem Fall nicht zu Gunsten des Verbrauchers zur Anwendung, weil es – wie dargestellt – an der Einzahlung der Kapitaleinlage fehlt[124]. Selbst wenn man die Anwendung der Regeln über die fehlerhafte Gesellschaft nicht an der fehlenden Einzahlung scheitern lassen wollte, wäre der Gesellschafter nach der im Gesellschaftsvertrag vereinbarten Bestimmung, wonach ein Anspruch auf Ausschüttung erst nach vollständiger Leistung der Kapitaleinlage besteht, ebenfalls zur Rückerstattung der an ihn geleisteten Ausschüttungen verpflichtet.

2. Anspruch gegen die Gesellschafter

Ist die Fondsgesellschaft in der **Form der KG** gegründet, haften die Zeichner - einschließlich des Zeichners, der seine Verpflichtung aus dem Kreditvertrag bestreitet - als Kommanditisten der Bank gem. §§ 128, 171 Abs. 1 HGB bis zur Höhe ihrer Einlage, soweit diese noch nicht erbracht ist, wobei maßgebend der Bestand der gegen die Gesellschaft gerichteten Forderung ist, wie er sich nach Geltendmachung des Einwands nach § 818 Abs. 3 BGB ergibt.

Voraussetzung ist, dass nicht auch die Vollmacht zur Abgabe der Beitrittserklärung - wegen Verstoßes gegen das Rechtsberatungsgesetz - nichtig ist[125], und dass nicht die Willenserklärung, die zum Abschluss der Beitrittsvereinbarung führt, nach evtl. erfolgter Anfechtung wegen arglistiger Täuschung nach § 123 Abs. 1 BGB als von Anfang an nichtig nach § 142 Abs. 1 BGB zu betrachten ist. Dabei ist zu berücksichtigen, dass, wenn der Verbraucher den Beitritt erfolgreich anficht oder der Beitritt an der Unwirksamkeit der Vollmacht nach dem Rechtsberatungsgesetz scheitert, nach der hier vertretenen Auffassung - weil die Einlage nicht

---

[124] Vgl. *Ulmer*, in MüKo, § 705, Rdnr. 283: „Vollzogen ist der Beitritt bei nichtigem Vertragsschluss erst mit der Leistung der Einlage durch den Beitretenden...".

[125] Nach den unter B. II. dargestellten Grundsätzen.

erbracht wurde - die Regeln über die fehlerhafte Gesellschaft nicht anwendbar sind[126]. Der Verbraucher schuldet der Gesellschaft die Rückerstattung der an ihn geleisteten Ausschüttungen. Umgekehrt haftet er nicht nach §§ 128, 171 Abs. 1 HGB für die Verbindlichkeiten der Gesellschaft.

Konkret bedeutet dies, dass die Bank sich in aller Regel an den Zeichner halten wird, der seine Verpflichtung aus dem Kreditvertrag bestreitet. Denn er gehört zu den Gesellschaftern, die ihre Einlage noch nicht erbracht haben. Wird der Gesellschaftsanteil durch einen Treuhänder gehalten, trifft diese Haftung den Treuhänder, der allerdings i. d. R. aus dem Treuhandvertrag einen Freistellungsanspruch gegen den Treugeber hat. Je nach Bonität des Treugebers wird die Bank sich diesen Anspruch des Treuhänders gegen den Treugeber erfüllungshalber abtreten lassen.

Handelt es sich bei der Fondsgesellschaft um eine **GbR**, haften die Zeichner für die Verbindlichkeit der Gesellschaft nach § 128 HGB analog[127] mit ihrem gesamten persönlichen Vermögen. Etwas anderes gilt nur, wenn eine abweichende Vereinbarung mit der Bank getroffen ist[128], während allein ein nach außen einseitig verlautbarter Haftungsausschluss gegenüber der Bank keine haftungsbeschränkende Wirkung entfaltet[129].

---

[126] Vgl. 1. .

[127] Sog. Akzessorietätstheorie. Demgegenüber begründen die Vertreter der Doppelverpflichtungstheorie die Verpflichtung der Gesellschafter damit, dass der vertretungsberechtigte Geschäftsführer berechtigt sein soll, die Gesellschafter zugleich mit der Gesellschaft auch persönlich zu verpflichten, vgl. *Ulmer*, in MüKo, § 714, Rdnr. 28 ff. m. w. Nachw. .

[128] Vgl. BGH, WM 1999, 2071 ff. unter Aufgabe der bis dahin vertretenen Auffassung, vgl. dazu ZIP 1990, 715. Auch die Frage, ob die Verpflichtung der Gesellschafter auf einer Anwendung der Doppelverpflichtungstheorie beruhe oder eine gesetzliche Haftung der Gesellschafter für die Verbindlichkeiten der Gesellschaft gegeben sei, ließ der BGH erstmals offen (anders noch in der in NJW 1997, 2754, 2755 abgedruckten Entscheidung, in der der BGH noch die Doppelverpflichtungstheorie vertreten hatte). Insofern stellt die Entscheidung des BGH einen Wendepunkt hin zu der Auffassung einer grundsätzlich unbeschränkten Haftung der Gesellschafter auch für andere als vertragliche Verpflichtungen.

[129] A. A.: BGH, ZIP 1990, 715 f., wonach - ausgehend von der Doppelverpflichtungstheorie – die Möglichkeit einer Haftungsbeschränkung bejaht wurde, wenn diese nur nach außen erkennbar sei; noch weitergehend *Werner/Machunsky*, Immobilienfonds und Erwerbermodelle, S. 4, die eine Prüfungspflicht des Geschäftspartners annehmen.

Für die Akzessorietätstheorie und damit gegen die Doppelverpflichtungstheorie hat sich inzwischen auch *Ulmer*[130] ausgesprochen. Unter Hinweis darauf, dass die Akzessorietätstheorie dem System des Zivilrechts besser Rechnung trage und zudem in den §§ 128 - 130 HGB und den hierzu entwickelten Auslegungsgrundsätzen ein geeignetes Haftungsmodell biete, führt er aus, dass die Akzessorietätstheorie bei der Behandlung gesetzlicher Gesellschaftsschulden wesentlich gläubigerfreundlicher sei und dass sie keine Begründungsschwierigkeiten im Hinblick auf die auch von Vertretern der Doppelverpflichtungstheorie anerkannten Fälle einer Gesellschafterhaftung in diesem Bereich kenne[131]. Auch eigne sie sich besser als die Doppelverpflichtungstheorie dazu, einen Ausgleich für die fehlende Kapitalsicherung beim GbR-Vermögen zu schaffen. Und schließlich sei eine Tendenz zu Gunsten der akzessorischen Gesellschafterhaftung bei der Schaffung neuer Rechtsformen für Personengesellschaften unverkennbar, wobei Ulmer auf § 8 Abs. 1 PartGG, Art. 24 Abs. 1 EWIV-VO sowie auf die Angleichung der Sonderverjährung beim Ausscheiden eines GbR-Gesellschafters an das OHG-Recht durch § 736 Abs. 2 BGB hinweist. Jedenfalls für die unternehmenstragende (und ebenso für die vermögensverwaltende) GbR habe das in § 105 Abs. 2 HGB n. F. begründete Optionsrecht für die Gesellschafter im Gegenteil zur Folge, dass ihrem Interesse an der Vermeidung unbeschränkter Haftung auch auf anderem Wege, durch Option für die Rechtsform der GmbH & Co. KG, Rechnung getragen werden könne[132].

Der Auffassung *Ulmers* ist aus den genannten Gründen zuzustimmen. Insbesondere die Begründung der Haftung der Gesellschafter im Falle einer Leistungskondiktion in Abgrenzung zu der in den vorliegenden Fällen gegebenen Nichtleistungskondiktion vermag nicht zu überzeugen. Wer in diesem Zusammenhang in erster Linie mit der Haftungserwartung des Vertragspartners argumentiert, unterstellt (zu Unrecht), dass der Gläubiger mit einer Rückabwicklung des Vertragsverhältnisses rechnet, eine Annahme, die nicht als realitätsnah bezeichnet werden kann. Zudem sind - darauf weist *Kowalski*[133] zu Recht hin – bloße Erwartungen des Gläubigers zu einer Haftungsbegründung des anderen Teils selbst

---

[130] ZIP 1999, 554 ff.; anders noch in MüKo, § 714, Rdnr. 28 ff. .

[131] Damit sind die Ansprüche aus cic, Leistungskondiktion sowie die Haftung der Gesellschafter für Steuerschulden der GbR gemeint, vgl. *Ulmer*, in MüKo, § 714, Rdnr. 54 ff. .

[132] *Ulmer*, in ZIP 1999, 554, 559, der auf S. 558 zutreffend als weiteres Argument für die Akzessorietätstheorie - unter Hinweis auf *Mülbert* - eine Haftungslücke beim Rechtsformwechsel aus der Kapitalgesellschaft in die GbR anführt.

[133] NJW 1991, 3183, 3187.

innerhalb vertraglicher Beziehungen allenfalls dann geeignet, wenn sich die Erwartungen wenigstens ansatzweise in den Vereinbarungen niedergeschlagen haben.

Versteht man die Verpflichtung der Gesellschafter einer GbR als eine gesetzliche gem. § 128 HGB[134], haften die Gesellschafter der GbR für gegen die Gesellschaft gerichtete Bereicherungsansprüche, gleich, ob es sich um einen Fall der Leistungskondiktion oder – wie hier - um einen solchen der Nichtleistungskondiktion gem. § 812 Abs. 1 Satz 1 Fall 2 BGB handelt.

3. Folgen der Inanspruchnahme eines Gesellschafters

a) *Inanspruchnahme eines Kommanditisten*

Leistet der Gesellschafter[135] der KG, der seine Verpflichtung aus dem Kreditvertrag bestritten hat, auf entsprechende Anforderung an die Bank insgesamt den Betrag in Höhe des ursprünglich vereinbarten Kapitalanteils[136], hat er seine gegenüber der Gesellschaft bestehende Verpflichtung zur Leistung seines Kapitalanteils[137] dadurch erbracht, dass er die Gesellschaft von der entsprechenden Verbindlichkeit gegenüber der Bank befreit hat. Dogmatisch vollzieht sich die Erbringung der Einlage dadurch, dass entweder der Gesellschafter den an die Bank gezahlten Betrag nach §§ 161 Abs. 2, 110 HGB von der Gesellschaft zurück fordert, worauf hin die Gesellschaft gem. § 388 Satz 1 BGB die Aufrechnung mit dem ihr zustehenden Anspruch auf Zahlung der Einlage erklärt,

---

[134] So auch BGH, WM 2001, 408, 414; aus der Literatur *K. Schmidt*, NJW 2001, 993, 994 m. w. Nachw. .

[135] Es wird unterstellt, dass der Beitritt zu der Gesellschaft nicht wegen Verstoßes gegen das Rechtsberatungsgesetz nichtig ist – was ohnehin nur für Beitrittserklärungen nach dem Urteil des BGH vom 28.09.2000 in Frage käme - und auch nicht wirksam angefochten wurde.

[136] Neben der Zahlung in Höhe der Verbindlichkeit der Gesellschaft, wie diese sich unter Beachtung des § 818 Abs. 3 BGB darstellt, schuldet der Gesellschafter aus abgetretenem Recht die an ihn geleisteten Ausschüttungen. Der Gesellschafter hat allerdings die Möglichkeit der Aufrechnung mit dem ihm zustehenden Anspruch aus § 812 Abs. 1 Satz 1 Fall 1 BGB wegen der an die Bank geleisteten Raten.

[137] Entgegen der gesetzlichen Regelung der §§ 167 Abs. 1, 120 Abs. 2 HGB, die variable Kapitalanteile vorsieht (bei der KG wird der dem Kommanditisten zukommende Gewinn allerdings nur solange gutgeschrieben, bis die Pflichteinlage erreicht ist), wird in der Praxis der Kapitalanteil fest vereinbart. Entsprechend werden die variablen Posten, wie z. B. stehen gelassene Gewinne oder - wie hier - an den Gesellschafter geleistete Ausschüttungen, auf von dem Kapitalkonto, das den festen Kapitalanteil ausweist, verschiedenen Kapitalkonten gebucht.

oder dass sich die Gesellschaft mit dem in Anspruch genommenen Gesellschafter über eine Änderung hinsichtlich der Art der zu erbringenden Einlage einigt. Leistet der Gesellschafter nur einen Teilbetrag an die Bank, hat er eine entsprechend niedrigere Einlage geleistet. In diesem Zusammenhang ist von Bedeutung, dass die Regelungen über **verdeckte Sacheinlagen**[138] nicht anwendbar sind. Diese finden ihren Grund darin, dass den Gläubigern von **Kapitalgesellschaften** nur die Gesellschaft mit ihrem Vermögen haftet, und dass insofern die Notwendigkeit besteht, sicherzustellen, dass der jeweiligen Kapitalgesellschaft jedenfalls bei ihrer Gründung ein solches Vermögen zur (freien) Verfügung gestellt wird. Weil den Gläubigern von Personengesellschaften zumindest ein Gesellschafter persönlich unbeschränkt haftet, ist hier eine entsprechende zwingende Kapitalausstattung nicht vorgesehen.

Umgekehrt sehen die Gesellschaftsverträge auch die Möglichkeit vor, von der Beitrittsvereinbarung zurückzutreten, wenn der Kapitalanteil zu den vereinbarten Terminen nicht oder nicht in voller Höhe erbracht wird. Macht die Gesellschaft von dieser Möglichkeit Gebrauch, ist sie verpflichtet, dem Gesellschafter den tatsächlich an die Bank geleisteten Betrag abzüglich der bereits geleisteten Ausschüttungen zurück zu erstatten. Hat der Gesellschafter an die Bank einen Betrag geleistet, der niedriger als die durch die Gesellschaft an ihn geleisteten Ausschüttungen sind, kommt ein Rückerstattungsanspruch der Gesellschaft gegen den Gesellschafter jedoch wegen der erfolgten Abtretung an die Bank nicht in Betracht.

Zur Veranschaulichung soll das Beispiel dienen, dass der Gesellschafter A einen Kapitalanteil von 50.000 Euro gezeichnet hat. Bis zu dem Zeitpunkt, zu dem er gegenüber der finanzierenden Bank erklärt, keine weiteren Zahlungen mehr zu leisten, weil der Kreditvertrag mangels wirksamer Bevollmächtigung nicht zustande gekommen sei, hat der Gesellschafter Ausschüttungen in Höhe von 10.000 Euro erhalten.

Leistet der Gesellschafter auf Anforderung durch die Bank unter Anrechnung der bereits an die Bank gezahlten Raten den Betrag von insgesamt 50.000 Euro, wird der Kapitalanteil dem Kapitalkonto I gutgeschrieben. Die an den Gesellschafter geleisteten Ausschüttungen werden auf dem Kapitalkonto II gebucht. Erklärt hingegen die Gesellschaft den Rücktritt, hat der Gesellschafter gegen die Gesellschaft einen Anspruch auf Rückzahlung in Höhe von 40.000 Euro.

---

[138] Vgl. § 27 Abs. 1 und 3 AktG sowie § 19 Abs. 5 und § 5 Abs. 4 GmbHG.

Leistet der Gesellschafter den Betrag von 30.000 Euro, werden die entsprechenden Beträge auf dem jeweiligen Konto gebucht. Erklärt aber die Gesellschaft den Rücktritt von der Beitrittsvereinbarung, hat sie dem Gesellschafter 20.000 Euro zu erstatten. Leistet der Gesellschafter hingegen lediglich einen Betrag in Höhe von 5.000 Euro an die Bank, hat der Gesellschafter bei Rücktritt der Gesellschaft keinen Anspruch gegen die Gesellschaft auf Rückzahlung. Umgekehrt hat auch die Gesellschaft wegen der an die Bank erfolgten Abtretung des Rückzahlungsanspruchs keinen Anspruch gegen den Gesellschafter auf Zahlung der Differenz i. H. v. 5.000 Euro.

Leistet der Gesellschafter an die Bank einen Betrag, der niedriger ist als der gezeichnete Anteil, wird die Gesellschaft eine **Herabsetzung des Kapitalanteils** entsprechend des tatsächlich an die Bank geleisteten Betrages einem Rücktritt vorziehen. In diesem Fall zahlt die Gesellschaft (an die Bank) lediglich die Differenz zwischen der Darlehenssumme, also der ursprünglichen Zeichnungssumme, und dem Betrag, den der Gesellschafter an die Bank gezahlt hat, während die Gesellschaft im Falle des Rücktritts den gesamten Zeichnungsbetrag - einen Teil an die Bank, den anderen an den Verbraucher - zurück zahlen müsste.

Zu den gleichen Ergebnissen gelangt man, wenn der Fondsanteil nicht durch den Verbraucher selbst, sondern durch einen Treuhänder gehalten wird. Zunächst richtet sich in diesem Fall der Anspruch der Bank – mangels Leistung der Einlage in voller Höhe – gegen den Treuhänder. Dieser hat gegen den Verbraucher aus dem Treuhandvertrag einen Anspruch auf Ausgleich. Erfüllt der Verbraucher diesen (zu einem Teil), wobei im Fall der Abtretung des Freistellungsanspruchs und darauf hin erfolgter Zahlung des Treugebers direkt an die Bank auch hier die durch den Verbraucher an die Bank geleisteten Raten zu berücksichtigen sind, hat der Treugeber wegen der im Treuhandvertrag vereinbarten Abtretung der Rechte des Treuhänders aus dessen formaler Gesellschafterstellung einen Anspruch gegen die Gesellschaft auf Ersatz der getroffenen Aufwendung nach §§ 161 Abs. 2, 110 HGB. Zahlt der Treugeber nicht den vollen Darlehensbetrag, hat der Treuhänder nach der entsprechenden Vereinbarung in dem Treuhandvertrag in Abstimmung mit der Gesellschaft die Möglichkeit, den Beteiligungsbetrag des Treugebers unter Beachtung der an den Treuhänder bzw. direkt an die Bank geleisteten Zahlung herab zu setzen oder von dem Vertrag zurück zu treten, wobei letzteres die Aufgabe des für den Verbraucher gehaltenen Anteils und damit die Herabsetzung des Kapitalanteils des (für weitere Treugeber Anteile haltenden) Treuhänders entsprechend dem Beteiligungsbetrag des

Verbrauchers auslöst. Auch hier wäre die Gesellschaft nach erklärtem Rücktritt verpflichtet, dem Verbraucher den geleisteten Betrag unter Anrechnung der Ausschüttungen zurück zu erstatten.

b) ***Die Situation bei der GbR***

Nimmt die Bank nach § 128 BGB den Gesellschafter in Anspruch, der seine Verpflichtung aus dem Darlehensvertrag bestreitet, gelten die Ausführungen zur KG[139]. Ein Rückgriff des in Anspruch genommen Gesellschafters gegen die übrigen Gesellschafter ist nicht möglich. Entsprechend der gesellschaftsvertraglichen Regelung soll primär das Gesellschaftsvermögen für die Schulden der Gesellschaft haften[140]. Eine Inanspruchnahme der Mitgesellschafter ist dem Rückgriff nehmenden Gesellschafter nur möglich, wenn eine Befriedigung aus dem Vermögen der Gesellschaft nicht in Betracht kommt[141]. Macht der Gesellschafter seinen Anspruch gegen die Gesellschaft geltend, erlischt jedoch wegen der durch die Gesellschaft erklärten Aufrechnung mit dem Anspruch auf Zahlung der Kapitaleinlage der sich aus § 110 HGB analog ergebende Aufwendungsersatzanspruch des Gesellschafters, so dass ein Rückgriff gegen die übrigen Gesellschafter nicht möglich ist.

Wird durch die Bank ein anderer Gesellschafter in Anspruch genommen, gilt auch für diesen, dass er zunächst versuchen muss, Befriedigung aus dem Vermögen der Gesellschaft zu erlangen. Gelingt dies nicht, kann dieser Gesellschafter seine Mitgesellschafter nach § 426 Abs. 1 Satz 1 und Abs. 2 BGB in Anspruch nehmen, wobei jeder Gesellschafter auf seinen Anteil haftet[142]. Wird auf diesem Weg der seine Haftung aus dem Kreditvertrag bestreitende Gesellschafter (anteilig) in Anspruch genommen, hat er in Anbetracht seines nach § 110 HGB analog gegen die Gesellschaft bestehenden Aufwendungsersatzanspruchs entsprechend den Ausführungen zur KG insoweit eine Leistung auf seine Einlageverpflichtung erbracht.

---

[139] Vgl. a) .
[140] Vgl. *Grunewald*, S. 60 m. w. Nachw. .
[141] Vgl. *Grunewald*, a. a. O. .
[142] Vgl. *Grunewald*, a. a. O. .

D. Zusammenfassung

I. Weil bereits die Vollmachtserteilung die Möglichkeit des Eintritts desjenigen Nachteils begründet, vor dem die Formvorschrift warnend schützen soll, bedarf auch die widerruflich erteilte Vollmacht der Schriftform i. S. d. § 4 Abs. 1 Satz 1 VerbrKrG.

II. Dem Schriftformerfordernis ist Rechnung getragen, wenn die Vollmacht den Höchstbetrag bzw. die Tatsache, dass durch den Bevollmächtigten Kredit in unbegrenzter Höhe aufgenommen werden kann, die Art des Kredits sowie das Recht des Bevollmächtigten, den Vertretenen zur Bestellung von bestimmten Sicherheiten zu verpflichten, enthält.

III. Die weiteren Angaben des § 4 Abs. 1 Satz 4 Nr. 1 VerbrKrG muss eine Vollmacht grundsätzlich nicht enthalten.

IV. Eine Ausnahme von diesem Grundsatz ist dann anzunehmen, wenn der Tatbestand der Umgehung i. S. d. § 18 Satz 2 VerbrKrG gegeben ist. Dies ist der Fall, wenn die Bank für den Darlehensnehmer verbindlich bestimmt, dass der Darlehensvertrag durch einen Bevollmächtigten abzuschließen ist, ohne dass für die Einschaltung des Bevollmächtigten ein sachlicher Grund besteht. Ist ein sachlicher Grund gegeben, ist für die Bejahung der Ausnahmesituation der Nachweis erforderlich, dass es sich bei dem Bevollmächtigten um eine Person handelt, die im Lager der Bank steht.

V. Hingegen reicht allein die Tatsache, dass die Bedingungen der Darlehensaufnahme zum Zeitpunkt der Erteilung der Vollmacht feststehen, nicht für die Annahme einer Umgehung i. S. d. §18 Satz 2 VerbrKrG aus.

VI. Ist die Vollmacht zum Abschluss des Darlehensvertrages unwirksam, hat der Verbraucher gegen die Bank einen Anspruch auf Rückzahlung der an die Bank geleisteten Raten nach § 812 Abs. 1 Satz 1 Fall 1 BGB.

Die Bank hat gegen die Fondsgesellschaft einen Anspruch aus Nichtleistungskondiktion gem. § 812 Abs. 1 Satz 1 Fall 2 BGB. Gegenüber diesem Anspruch kann sich die Fondsgesellschaft auf § 818 Abs. 3 BGB berufen, soweit sie Ausschüttungen an den Zeichner geleistet hat.

VII. Die Gesellschafter haften in Höhe der Verbindlichkeit der Fondsgesellschaft mit ihrem persönlichen Vermögen unbeschränkt (GbR) bzw. soweit ihre Einlage nicht erbracht ist (KG). Dies betrifft auch den Gesellschafter, der seine Verbindlichkeit aus dem Darlehensvertrag bestreitet. Soweit dieser auf Grund seiner akzessorischen Haftung durch die Bank – unter Anrechnung der zuvor geleisteten Zahlungen auf die vermeintliche Darlehensverbindlichkeit – oder den Treuhänder in Anspruch genommen wird, hat er seine Verpflichtung zur Leistung der Einlage erfüllt.

Abschnitt IV

Der Einwendungsdurchgriff nach § 9 Abs. 3 VerbrKrG

A. Anwendbarkeit, § 9 Abs. 4 VerbrKrG

Nach § 9 Abs. 4 VerbrKG gilt die Regelung über den Einwendungsdurchgriff[1] entsprechend für Kredite, die zur Finanzierung des Entgelts für eine andere Leistung als die Lieferung einer Sache gewährt werden. Die Regelung trägt dem Umstand Rechnung, dass nicht nur bei Kaufverträgen die Drittfinanzierung des vom Verbraucher geschuldeten Entgelts eine weit verbreitete und an Bedeutung weiter zunehmende Form der Kundenfinanzierung darstellt.

Die Wechselseitigkeit der Beziehungen im Rahmen eines Gesellschaftsvertrages begründet zwar kein typisches Gegenseitigkeitsverhältnis zwischen den Gesellschaftern auf der einen sowie dem einzelnen Gesellschafter und der Gesellschaft auf der anderen Seite, kein Synallagma, wie dies etwa bei dem in § 9 Abs. 1 VerbrKrG angesprochenen Kaufvertrag der Fall ist. Dies hat zur Folge, dass der einzelne Gesellschafter die eigene Einlageleistung nicht nach Maßgabe der für gegenseitige Verträge geltenden Vorschriften der §§ 320 - 322 BGB a. F. von dem Erbringen der Leistung der anderen Gesellschafter abhängig machen und sich diesbezüglich auch nicht auf die §§ 323 - 326 BGB a. F. berufen kann[2].

Zu berücksichtigen ist aber, dass den einzelnen Gesellschafter gegenüber der Gesellschaft die Verpflichtung trifft, zur Förderung des gemeinsamen Zwecks der Gesellschaft beizutragen, worunter in den vorliegenden Fällen die aus dem Beitrittsvertrag resultierende Verpflichtung des Gesellschafters zu verstehen ist, an die Gesellschaft die vereinbarte Einlage zu entrichten. Diesbezüglich ist grundsätzlich denkbar, dass Mängel des Beitrittsvertrages die Verpflichtung zu einer Rückerstattung der geleisteten Kapitaleinlage zur Folge haben. Voraussetzung für einen derartigen Anspruch auf Rückerstattung der Kapitaleinlage ist, dass es dem

---

[1] Weil die den zu untersuchenden Fällen zu Grunde liegenden Darlehensverträge vor dem 01.01.2002 abgeschlossen wurden, wird die Möglichkeit des Einwendungsdurchgriffs nicht auf der Grundlage der §§ 358, 359 BGB n . F., sondern anhand der Vorschriften des Verbraucherkreditgesetzes erörtert.

[2] Vgl. *Ulmer*, in MüKo, § 705, Rdnr.137 ff. m. w. Nachw. .

Zeichner gelingt, seine Gesellschafterstellung rückwirkend zu beseitigen. Ob dies nach den einschlägigen gesellschaftsrechtlichen Bestimmungen möglich ist, ist nicht im Rahmen des § 9 Abs. 4 VerbrKrG, sondern anlässlich der Erörterung hinsichtlich der konkreten Rückabwicklung nach erfolgtem Einwendungsdurchgriff[3] zu untersuchen. Für die Anwendbarkeit des § 9 Abs. 3 VerbrKrG spricht auch der Umstand, dass die jeweiligen Gesellschaftsverträge Klauseln enthalten, nach denen die Ausschüttung von Gewinn an die Voraussetzung geknüpft ist, dass der Gesellschafter die vereinbarte Einlage geleistet hat[4].

Demgegenüber geht das OLG Karlsruhe[5] davon aus, dass der Beitrag bzw. die Einlage keine Vergütung für die Gesellschafterstellung darstellt, sondern dass die Verpflichtung zur Entrichtung der Einlage vielmehr den Bestimmungen eines gemeinschaftlich geschlossenen Gesellschaftsvertrages entspringe und die Stellung eines Gesellschafters voraussetze[6]. Das OLG übersieht dabei, dass der Zeichner wirtschaftlich betrachtet nicht auf die Gesellschafterstellung, sondern auf die mit der Beteiligung verbundenen wirtschaftlichen Vorteile abzielt. Auch aus Sicht des Gesellschafters ist die Ausschüttung von Gewinn aber an die Voraussetzung gebunden, dass die Einlage eingezahlt wird.

B. Verbundenes Geschäft

Nach § 9 Abs. 1 VerbrKrG[7] bildet der Vertrag bezüglich des finanzierten Geschäfts ein mit dem Kreditvertrag verbundenes Geschäft, wenn der Kredit der Finanzierung des Kaufpreises dient und beide Verträge als wirtschaftliche Einheit anzusehen sind.

Mit Erlass des VerbrKrG verbietet sich die Entwicklung von Bereichsausnahmen in der Weise, dass das Eingreifen des § 9 Abs. 3 VerbrKrG von der in casu oder typischerweise bestehenden Schutzbedürftigkeit des Verbrauchers abhängig gemacht wird[8]. Vielmehr bestimmt das Gesetz selbst in §§ 1 Abs. 1, 3 VerbrKrG den Kreis der als schutzbedürftig anzusehenden Verbraucher, und zwar abstrakt-generell und

---

[3] Vgl. C. .
[4] Vgl. Abschnitt III, C. II. 1. .
[5] Urt. v. 29.11.2000, AZ: 1 U 144/99, n. v., Revision BGH XI ZR 30/01 bzw. II ZR 255/01.
[6] A. a. O., S. 16 des Urt. .
[7] Seit 01.01.2002 gilt der fast wortgleiche § 358 Abs. 3 Satz 1 BGB.
[8] Zur Entwicklung der Rechtsprechung vor Geltung des VerbrKrG, vgl. *Dauner-Lieb*, WM 1991, Beil. 6, S. 4 ff. .

ohne Rücksicht auf individuelle Merkmale wie etwa die Verwendung des Kredits, die Motivation der Kreditaufnahme oder die fachliche Beratung des Verbrauchers. Das VerbrKrG zielt somit auch auf die Verwirklichung von Anlegerschutz, ihm liegt ein „klassenloser" Verbraucherbegriff zu Grunde. Fälle fehlender Schutzbedürftigkeit des Verbrauchers sind abschließend in § 3 VerbrKrG geregelt, und zwar wiederum ohne Rücksicht auf die besonderen Umstände des Einzelfalls[9].

Soweit die Rechtsprechung die Annahme einer wirtschaftlichen Einheit i. S. d. § 9 Abs. 1 VerbrKrG mit der Begründung ablehnt, selbst der rechtsunkundige Laie wisse, dass die kreditgebende Bank und der Grundstücksveräußerer in der Regel verschiedene Rechtsträger seien, die ihre eigenen, jeweils verschiedenen Interessen wahrnähmen, begegnet dies Bedenken[10]. Zwar weist *Oechsler* zu Recht darauf hin, dass § 358 Abs. 3 BGB und damit auch die hier zu untersuchende Vorgängerregelung des § 9 Abs. 3 VerbrKrG seinen Grund im Verbot des widersprüchlichen Verhaltens und damit im Vertrauensschutz habe[11]. Dies spricht dafür, bei der Untersuchung der Frage, ob von einer wirtschaftlichen Einheit auszugehen ist, auch subjektive Elemente zu berücksichtigen. Diese Sichtweise birgt aber die Gefahr, dass die Bank Fehlvorstellungen des Verbrauchers durch entsprechende Aufklärung beseitigt und damit – obwohl objektiv ein verbundenes Geschäft gegeben ist - die Konsequenzen

---

[9] *Habersack*, ZHR 156, 45, 51.

[10] Vgl. OLG Köln, Urt. v. 20.06.2000, AZ: 22 U 215/99, n. v., Revision BGH XI ZR 257/00, S. 30 des Urt.; LG Berlin, Urt. v. 14.12.1999, AZ: 15 O 386/99, n. v., S. 13 des Urt. (zum Einwendungsdurchgriff nach § 242 BGB); ebenso OLG Karlsruhe, Urt. v. 26.01.2001, AZ: 10 U 139/00, n. v., Revision BGH XI ZR 105/01 für den Erwerb von Eigentumswohnungen, während für den Erwerb von Fondsanteilen eine andere Beurteilung für möglich gehalten wird (vgl. S. 19 des Urt.).
Ebenso für den Erwerb von Eigentumswohnungen OLG München, Urt. v. 12.10.2000, AZ: 19 U 4455/99, n. v., Revision BGH XI ZR 140/01, S. 13 des Urt.; OLG Karlsruhe, Urt. v. 27.03.2001, AZ: 17 U 188/99, n.v., Revision BGH XI ZR 148/01, S. 16 f. des Urt. und OLG Karlsruhe, Urt. v. 27.03.2001, AZ: 17 U 218/99, n. v., Revision BGH XI ZR 155/01, S. 18 des Urt., wo jeweils zusätzlich festgestellt wird, dass der Anleger das Aufspaltungsrisiko tragen muss, weil der getrennte Abschluss verschiedener Verträge in Anbetracht der angestrebten steuerlichen Vorteile im Interesse des Anlegers erfolge. Auf diesen letzten Aspekt stellt auch das OLG Hamm in den Urteilen v. 19.02.2001, AZ: 5 U 217/00, n. v., Revision BGH XI ZR 144/01, S. 8 des Urt., und v. 15.03.2001, AZ: 5 U 301/00, n. v., Revision BGH XI ZR 169/01, S. 8 des Urt. ab.

[11] Schuldrecht BT: Vertragsrecht, S. 392 m. w. Nachw. .

des § 9 Abs. 3 VerbrKrG vermeidet. Dies käme letzten Endes einer nach § 18 Satz 1 VerbrKrG unzulässigen Abbedingung gleich[12].

Aus diesem Grund erscheint es daher eher angebracht, auf **objektive Kriterien** abzustellen. Von Bedeutung ist vor allem das in § 9 Abs. 3 Satz 2 VerbrKrG[13] genannte Merkmal, dass die Bank sich bei der Vorbereitung oder dem Abschluss des Kreditvertrages des Partners des finanzierten Geschäfts bedient.

Der Abschluss einer Beitrittsvereinbarung stellt den Abschluss eines neuen Gesellschaftsvertrages – jetzt mit erweitertem Kreis von Gesellschaftern – dar. Vertragspartner des Darlehensnehmers und neu in die Gesellschaft eintretenden Gesellschafters sind demnach die Gründungsgesellschafter und die bereits zuvor der Gesellschaft beigetretenen Gesellschafter der Fondsgesellschaft[14]. Die Gesellschaftsverträge enthalten Klauseln, wonach die Gesellschafter die Geschäftsführer der Fondsgesellschaft, die i. d. R. zugleich Initiatoren des Fondsprojekts sind, ausdrücklich bevollmächtigen, Beitrittsverträge mit weiteren Gesellschaftern abzuschließen bis der vorgesehene Betrag des Gesellschaftskapitals erreicht ist.

In den vorliegenden Fällen bedient sich die Bank regelmäßig des Partners des finanzierten Geschäfts. Weil entsprechend der Anpreisung des Fondsinitiators, der Zeichner brauche sich um keine Formalien zu kümmern, ein unmittelbarer Kontakt zwischen Bank und Darlehensnehmer nicht zustande kommt, sind es die durch die Geschäftsführer als Vertreter der Gründungsgesellschafter beauftragten Vermittler, die den Darlehensnehmern die ihnen durch die finanzierende Bank überlassenen Formulare bezüglich Selbstauskunft und Kreditanfrage aushändigen bzw. bereits ausgefüllt zur Unterschrift vorlegen[15].

Für eine wirtschaftliche Einheit zwischen Darlehensvertrag und finanziertem Geschäft spricht es auch, wenn der Verbraucher nicht die Möglich-

---

[12] Diese Konsequenz wird auch von *Oechsler* gesehen, nach dem es dem Darlehensgeber „immer möglich ist, seine Verantwortlichkeit von vornherein durch eine ausdrückliche Vereinbarung einzuschränken, wenn er im übrigen einschlägige Widersprüchlichkeiten gegenüber dem Verbraucher vermeidet", a. a. O., S. 394.

[13] Seit 01.01.2002 in § 358 Abs. 3 Satz 2 BGB geregelt.

[14] Werden die Anteile der Zeichner treuhänderisch gehalten, sind die Gründungsgesellschafter Partner des beitretenden Gesellschafters.

[15] Häufig füllen die Vermittler die für die Bankunterlagen vorgesehene „Mitarbeiter"-Bestätigung aus, mit der die Aushändigung des von der Bank ausgefüllten Darlehensvertrages an den Darlehensnehmer bestätigt wird.

keit der freien Verfügung über den Darlehensbetrag hat[16]. Zweifeln begegnet in diesem Zusammenhang die Aussage von *Dauner-Lieb*[17], das Kriterium des Ausschlusses des Verbrauchers von der freien Verfügung über das Darlehen sei nicht aussagekräftig hinsichtlich der Annahme eines verbundenen Geschäfts; mit der Zweckbindung verfolge die Bank schließlich nur ihr legitimes Sicherungsinteresse. Diese Aussage ist nicht zu vereinbaren mit der Feststellung, dass die Frage, ob ein verbundenes Geschäft vorliegt, anhand objektiver Kriterien zu entscheiden ist.

In der Praxis ist dieses Merkmal regelmäßig gegeben. Wegen der Einschaltung eines Bevollmächtigten und Kenntnis der Bank von dem beabsichtigten Verwendungszweck bleibt dem Darlehensnehmer wegen der räumlichen Distanz zur finanzierenden Bank nur theoretisch die Möglichkeit der Bestimmung der Verwendung der Darlehensvaluta.

Thorn vertritt die Auffassung, dass ein Einwendungsdurchgriff bei Immobilienkapitalanlagen grundsätzlich eine Überkorrektur zu Lasten der finanzierenden Bank darstelle, die im Falle unterlassener Prüfung des finanzierten Geschäfts sämtliche zur Anlegersphäre gehörenden Risiken übernehmen würde, so dass in der Praxis Drittfinanzierung entweder nicht mehr stattfinden oder auf Grund der Verteuerung der Kredite unbezahlbar werden würde. Im Hinblick auf die anzustrebende angemessene Risikoverteilung könne ein Einwendungsdurchgriff nur zugelassen werden, wenn der finanzierenden Bank positive Kenntnis von Mängeln des finanzierten Geschäfts nachgewiesen werden könne[18].

Dieser Auffassung kann nicht gefolgt werden. Zum einen handelt es sich bei dem Kriterium der Kenntnis von Mängeln um ein im Rahmen des § 9 Abs. 3 VerbrKrG nicht zu berücksichtigendes subjektives Element. Zum anderen hat die Bejahung der Möglichkeit des Einwendungsdurchgriffs nicht zur Folge, dass die finanzierende Bank sämtliche zur Anlegersphäre gehörenden Risiken übernimmt. Voraussetzung für einen Einwendungsdurchgriff ist nämlich, dass der Anleger gegenüber seinem Vertragspartner überhaupt Einwendungen geltend machen kann. Diese Möglichkeit besteht jedenfalls nicht, soweit sich der Anleger lediglich darauf beruft, das Fondsprojekt habe nicht den erhofften wirtschaftlichen Erfolg gebracht. Daher besteht nicht die Gefahr, dass das mit der Speku-

---

[16] *Habersack*, in Bankrecht 2000, 235, 241 m. w. Nachw.; für diese Annahme spricht es, wenn im Darlehensvertrag als Verwendungszweck die Fondseinlage genannt ist, vgl. OLG Karlsruhe, ZIP 2001, 1914, 1915.
[17] A. a. O., S. 15.
[18] S. 125.

lation verbundene typische Risiko der Beteiligung an einem Immobilienfonds über § 9 Abs. 3 VerbrKrG auf die Bank abgewälzt wird[19].

Schließlich ist die Entscheidung des Gesetzgebers hinsichtlich einer angemessenen Risikoverteilung zu akzeptieren. Um den Verbraucher vor dem mit einer Aufspaltung eines Teilzahlungsgeschäfts in ein Bargeschäft und einen damit verbundenen Kreditvertrag zu schützen, hat der Gesetzgeber, basierend auf Art. 11 Abs. 1 der Verbraucherkreditrichtlinie[20], für den Fall des Vorliegens einer wirtschaftlichen Einheit angeordnet, dass der Verbraucher nicht schlechter gestellt sein soll, als wenn ihm nur ein Vertragspartner gegenüber stünde. Nachdem auch *Thorn* selbst davon ausgeht, dass bei der Finanzierung von Immobilienkapitalanlagen in der Regel eine wirtschaftliche Einheit gegeben ist[21], geht es nicht an, die gesetzgeberische Entscheidung zu ignorieren. Das von *Thorn* als ausschlaggebend erachtete Kriterium der „Kenntnisse der Bank von Mängeln des finanzierten Geschäfts" erscheint zudem alles andere als sachgerecht. Es ist nicht annähernd nachvollziehbar, dass Kenntnisse der Bank von Mängeln des finanzierten Geschäfts die Annahme rechtfertigen sollen, es liege ein bankseitiger Verstoß gegen das Prinzip der Neutralität professioneller Darlehensgeber vor, mit dem sich die Bank Vorteile im Hinblick auf ihren Absatz verschafft und dadurch für den Verbraucher zusätzliche Risiken schafft[22].

---

[19] Die irrige Annahme des Gegenteils ist für *Thorn* aber offensichtlich ausschlaggebend. So führt er auf S. 126 unter Berufung auf *Canaris* aus: „Das Instrument (gemeint ist der Einwendungsdurchgriff, Anm. des Verf.) schösse im Rahmen spekulativer Kapitalanlagen daher für einen Großteil der Fälle über das Ziel hinaus".

[20] Richtlinie zur Angleichung der Rechts- und Verwaltungsvorschriften der Mitgliedstaaten über den Verbraucherkredit (87/102/EWG) v. 22.12.1986. Art. 11 Abs. 1 lautet: „Die Mitgliedstaaten tragen dafür Sorge, dass das Bestehen eines Kreditvertrages in keiner Weise die Rechte des Verbrauchers gegenüber dem Lieferanten von Waren bzw. Erbringer von Dienstleistungen beeinträchtigt, falls die betreffenden Waren bzw. Dienstleistungen, die mit Hilfe dieses Kreditvertrages erworben werden, nicht geliefert bzw. erbracht werden oder in anderer Weise nicht vertragsmäßig sind".

[21] Vgl. S. 122 f. . Die von ihm angeführten Indizien für die Annahme einer wirtschaftlichen Einheit liegen teilweise jedoch nicht vor. Dies gilt für den Hinweis, dass kein Geschäft ohne das andere abgeschlossen würde. In der Praxis wird es den Zeichnern aber freigestellt, ob sie die angebotene Finanzierungsmöglichkeit wahrnehmen oder die Immobilie bzw. den Fondsanteil als Barzahler erwerben. Ebenfalls ungeeignet als Indiz für die Annahme der wirtschaftlichen Einheit ist der Gedanke, dass der Erfolg des Finanzierungsgeschäfts vom Erfolg des finanzierten Geschäfts abhänge, weil dies z. B. auch dann gilt, wenn die Bank nicht einmal den Verwendungszweck des Darlehens kennt, wobei in letzterem Fall niemand auf den Gedanken käme, § 9 Abs. 3 VerbrKrG anzuwenden.

[22] Darin ist nach *Thorn* die dogmatische Rechtfertigung für die mit der Zulassung des Einwendungsdurchgriffs verbundene Verteilung der Risiken zu sehen, vgl. S. 116.

Zum einen ist bereits nicht klar, was *Thorn* unter Mängeln des finanzierten Geschäfts versteht. Wegen der synonymen Verwendung der Wendung „Kenntnis von Anlagerisiken"[23] spricht einiges für die Annahme, dass *Thorn* unter „Mängeln" die mit der Anlage verbundenen Risiken versteht. Dann aber würde genau das Gegenteil dessen erreicht, was nach *Thorn* anzustreben ist. Weil der Bank regelmäßig bekannt ist, wozu die Darlehensvaluta verwendet wird, sind ihr auch die „Mängel" des finanzierten Geschäfts bekannt. Dies würde dazu führen, dass im Ergebnis ein Einwendungsdurchgriff regelmäßig in Betracht käme, was sich aber nicht mit seiner Aussage vereinbaren ließe, dass der Einwendungsdurchgriff bei der Finanzierung von Kapitalanlagen generell keine Anwendung finden könne[24]. Zudem ist nicht klar, inwiefern die Tatsache, dass die finanzierende Bank über bestimmte Kenntnisse verfügt, für den Anleger zusätzliche Risiken schaffen soll. Weiter übersieht *Thorn*, dass die Bank bei der Vergabe von Krediten durchaus eigennützig zu handeln berechtigt ist[25]. Das von ihm proklamierte Prinzip der „Neutralität professioneller Darlehensgeber" existiert nicht.

Im Ergebnis ist *Thorn* vorzuwerfen, dass er nicht exakt zwischen den verschiedenen, den Zeichnern zur Verfügung stehenden Anspruchsgrundlagen unterscheidet. Dies wird besonders deutlich, wenn er ausführt, dass bei „Kenntnis von Anlagerisiken möglicherweise die Verpflichtung der Bank entsteht, den Anleger zu informieren"[26]. Dabei handelt es sich um Gedanken, die anlässlich der Erörterung einer Haftung nach §§ 311 Abs. 2, 241 Abs. 2, 242 BGB[27] bzw. nach den Grundsätzen der cic von Bedeutung sein können. Für die Frage, ob ein Einwendungsdurchgriff nach § 9 Abs. 3 VerbrKrG möglich ist, sind sie nicht relevant. Ein Einwendungsdurchgriff nach § 242 BGB scheitert daran, dass im persönlichen Anwendungsbereich des Verbraucherkreditgesetzes dieses als abschließende Regelung anzusehen ist.

---

[23] A. a. O., S. 126.
[24] A. a. O., S. 125 f. .
[25] Vgl. Abschnitt II, B. II. 2. c) .
[26] A. a. O., S. 126.
[27] Vgl. Abschnitt II .

C. Einwendungen gegen die Beitrittserklärung

I. Die Grundsätze über die fehlerhafte Gesellschaft

Die Voraussetzungen für die Anwendung der Regeln über die fehlerhafte Gesellschaft[28] sind in den Fällen der Beteiligung an einem Immobilienfonds gegeben. Die ihre Verpflichtung aus dem Darlehensvertrag bestreitenden Zeichner und ihre Vertragspartner – vertreten durch den Geschäftsführer – haben jeweils auf den Abschluss eines Gesellschaftsvertrages gerichtete - fehlerhafte[29] - Willenserklärungen abgegeben. Die betreffenden Fondsgesellschaften sind zum Zeitpunkt, zu dem der betreffende Zeichner seine Verpflichtung aus dem Darlehensvertrag erstmals bestreitet, regelmäßig bereits über einen Zeitraum von mehreren Jahren nach außen in Erscheinung getreten, also in Vollzug gesetzt.

Auch stehen schutzwürdige Interessen einer Anwendung der Regeln über die fehlerhafte Gesellschaft nicht entgegen. Insbesondere wird die Annahme einer fehlerhaften Gesellschaft nicht dadurch ausgeschlossen, dass der Beitretende durch eine arglistige Täuschung zum Beitritt veranlasst wird. Denn es fehlt insoweit nicht an zurechenbaren Willenserklärungen, an die für die Lehre von der fehlerhaften Gesellschaft angeknüpft werden kann[30]. Umgekehrt sprechen gewichtige Argumente für die Schutzbedürftigkeit der übrigen Zeichner und damit ebenfalls für eine Anwendung der Grundsätze über die fehlerhafte Gesellschaft. Dabei überzeugt vor allem der in der Rechtsprechung gegebene Hinweis, dass ein Schadensersatzanspruch, gerichtet auf Rückerstattung der geleisteten Einlage, gegen die übrigen Gesellschafter in Anbetracht der Tatsache, dass letztere mit denselben falschen Versprechungen geworben wurden und demzufolge in der gleichen Situation wie der kündigende Gesellschafter sind, nicht gerechtfertigt wäre[31]. Ebenso zutreffend ist das Argument, dass bei rein kapitalistisch organisierten Gesellschaftsbeteiligungen der einzelne Gesellschafter auf die dem Abschluss der Beitritts-

---

[28] Zur Entwicklung, vgl. *Ulmer*, in MüKo, § 705 Rdnr. 243 f. .
[29] Zu den Arten von Vertragsmängeln, vgl. *Ulmer*, in MüKo, § 705, Rdnr. 247.
[30] *Ulmer*, in MüKo, § 705, Rdnr. 258 m. w. Nachw. .
[31] Vgl. OLG Stuttgart, Urt. v. 09.07.2001, AZ: 6 U 148/00, n. v., Revision BGH XI ZR 300/01, S. 22 f. des Urt. m. w. Nachw.; vgl. auch BGHZ 26, 330, 336, wonach die Erbringung der Einlage dem Zweck dient, die eingetretenen Vermögensverluste auf die Opfer des Betrügers nach Maßgabe ihrer Einlagezusagen einheitlich zu verteilen. Daher ist der Auffassung des OLG Dresden, Urt. v. 19.09.2000, AZ: 15 U 1287/00,n. v., Revision BGH XI ZR 300/00 bzw. II ZR 384/00 und der des OLG Stuttgart, ZIP 2001, 322, 326 nicht zu folgen. In beiden Urteilen wird auf den Gesichtspunkt der Verteilung des Risikos unter allen Gesellschaftern nicht eingegangen.

verträge mit neuen Gesellschaftern voraus gehenden Verhandlungen keinerlei Einwirkungsmöglichkeiten hat[32]. Weiter ist zu berücksichtigen, dass die Bejahung eines Schadensersatzanspruches zu dem unbilligen Ergebnis einer Privilegierung der später eingetretenen Gesellschafter führen würde, wofür kein sachlicher Grund gegeben ist.

Unzutreffend ist jedoch das in diesem Zusammenhang häufig anzutreffende Argument, dass eine Schadensersatzverpflichtung die Gefahr herauf beschwören würde, dass das Vermögen der Anlagegesellschaft auf diejenigen der getäuschten Anleger in ungerechtfertigter Weise verteilt würde, die die Gesellschaft als Erste in Anspruch nähmen[33]. Diese Argumentation verkennt, dass ein Schadensersatzanspruch sich nicht gegen die Gesellschaft richtet, weil diese nicht am Vertragsschluss beteiligt ist[34], so dass die Haftung der Gesellschafter in diesem Fall keine akzessorische, sondern eine originäre ist. Folglich wäre ein solcher Schadensersatzanspruch nicht aus dem Vermögen der Gesellschaft zu befriedigen.

II. Konsequenzen

Die Anwendung der Regeln über die fehlerhafte Gesellschaft hat zur Folge, dass der Gesellschafter, der unter Berufung auf einen Mangel der Beitrittsvereinbarung aus der Gesellschaft ausscheiden möchte, dies nur mit Wirkung ex nunc tun kann, wobei unerheblich ist, ob der Gesellschafter eine außerordentliche Kündigung ausspricht oder den Beitrittsvertrag wegen arglistiger Täuschung anficht. Die Ablehnung der Möglichkeit des Ausscheidens ex tunc bedeutet, dass er keinen Anspruch auf Rückerstattung der durch ihn geleisteten Einlage als Folge einer bereicherungsrechtlichen Rückabwicklung des Beitritts hat[35].

Damit ist aber noch nicht entschieden, dass der Gesellschafter der Bank keine Einwendungen entgegen halten kann. Ziel des § 9 Abs. 3 VerbrKrG ist es, den Darlehensnehmer so zu stellen, wie er ohne Ein-

---

[32] Vgl. OLG Stuttgart, Urt. v. 09.07.2001, a. a. O., S. 22 f. des Urt. .
[33] Vgl. OLG Stuttgart, a. a. O, S. 23 m. w. Nachw. .
[34] Zutreffend insofern OLG München, ZIP 2000, 2295, 2302. - Dies wird von *Westermann*, in WuB I G 5. – 17.00 unter 5. c) a. E. nicht gesehen, der einen auf Rückerstattung der Einlage gerichteten Schadensersatzanspruch deswegen als problematisch erachtet, weil der ausscheidende Gesellschafter auf Grund des akzessorischen Haftung selbst Schuldner dieses Anspruchs wäre.
[35] Daher braucht hier auf die Frage des Rückforderungsdurchgriffs nicht eingegangen zu werden. Zu dieser Frage, vgl. *Pietzcker*, S. 31 ff. und Fuchs, AcP 199, 305, 323 ff. .

schaltung der Bank stünde. Führt eine solche hypothetische Betrachtung zu dem Ergebnis, dass der ex nunc ausscheidende Gesellschafter dem Verlangen der Gesellschaft nach Zahlung der gesamten vereinbarten Einlage Einwendungen entgegen halten könnte, gilt dies auch im Verhältnis zur Bank.

Dies wird von OLG München[36] nicht gesehen. Ergäbe die Abschichtungsbilanz des Gesellschafters, der die vereinbarte Einlage von 30.000 Euro noch in voller Höhe schuldete, einen negativen Kapitalanteil von 20.000 Euro, hätte ohne Einschaltung der Bank der Gesellschafter die Möglichkeit, die Zahlung der vereinbarten Einlage in Höhe von 10.000 Euro unter Berufung auf § 242 BGB (Rechtsmissbrauch) wegen der Pflicht zur alsbaldigen Rückgewähr zu verweigern.

Diesen Einwand kann der ausscheidende Gesellschafter gegenüber einem Verlangen der Bank nach Zahlung des gesamten Restdarlehensbetrages in Ansatz bringen, weil ohne Einschaltung der Bank der Gesellschafter diesen Einwand seinen Vertragspartnern (des finanzierten Geschäfts), also den der Gesellschaft bereits zuvor beigetretenen Gesellschaftern entgegen halten könnte.

Vom Grundgedanken her ist einem Urteil des LG Stuttgart vom 29.12.2000[37] zu folgen. Danach kann die Darlehensnehmerin gegenüber dem Zahlungsanspruch der Bank nach § 9 Abs. 3 VerbrKrG mit dem Wert des Fondsanteils, wie dieser sich zum Zeitpunkt des Ausscheidens aus der Gesellschaft darstellt, aufrechnen. Dies wird damit begründet, dass der Darlehensnehmerin diese Möglichkeit ohne Finanzierung des Beitritts durch die Bank im Rahmen einer zu erstellenden Auseinandersetzungsbilanz schließlich auch zur Verfügung gestanden hätte.

Das Urteil des LG lässt bei näherer Betrachtung jedoch einige Ungenauigkeiten erkennen. So wird etwa verkannt, dass bei einer hypothetischen Betrachtung der Situation, wie sie sich ohne Einschaltung der Bank darstellen würde, der Kapitalanteil zum Zeitpunkt des Ausscheidens des Gesellschafters niedriger wäre, als er es nach Überweisung der vollen geschuldeten Einlage durch die Bank ist. Daher ist dem Gericht nicht zu folgen, soweit der hypothetischen Berechnung der noch an die Gesellschaft zu zahlenden Resteinlage entsprechend einer Fondsbewertung zum 01.01.98 ein Kapitalanteil in Höhe von 10.000 DM zu Grunde gelegt

---

[36] Urt. v. 20.02.2001, AZ: 30 U 949/99, n. v., Revision BGH XI ZR 177/01, S. 20 des Urt. .

[37] AZ: 18 O 437/00 (rechtskräftig), n. v., S. 41 ff. des Urt. .

wird[38]. Im übrigen hätte ein in der Abschichtungsbilanz festgestellter Kapitalanteil in Höhe von 10.000 DM nicht eine Zahlungspflicht – nach der Modellrechnung des Gerichts in Höhe von 20.000 DM[39] – , sondern **einen Zahlungsanspruch des Gesellschafters in der Höhe des festgestellten Kapitalanteils zur Folge**. Wenn also das Gericht davon ausgeht, dass der Gesellschafter bis zum Zeitpunkt seines Ausscheidens keine Einlage erbracht hat, hätte es seinen Kapitalanteil bei erwirtschafteten Verlusten in Höhe von 20.000 DM mit – 20.000 DM ansetzen müssen. Ohne Zwischenschaltung der Bank hätte der Gesellschafter gegenüber der Gesellschaft entgegen der Auffassung des LG Stuttgart nicht die Aufrechnung erklären, sondern nach § 242 BGB den Einwand des Rechtsmissbrauchs geltend machen können.

Davon abgesehen, richtet sich der Anspruch auf Zahlung eines festgestellten positiven Kapitalanteils nicht gegen den Partner des finanzierten Geschäfts, also die übrigen Gesellschafter, sondern nach § 738 Abs. 1 Satz 2 BGB, der nach §§ 161 Abs. 2, 105 Abs. 3 HGB auch für die KG gilt, gegen die Gesellschaft selbst. Für sog. Sozialverpflichtungen der Gesellschaft gegenüber einem Gesellschafter haften die übrigen Gesellschafter grundsätzlich nicht[40], weil nach § 707 BGB der einzelne Gesellschafter nicht zu einer Erhöhung des vereinbarten Beitrags verpflichtet ist. Der Ausnahme nach Begleichung von Gesellschaftsverbindlichkeiten durch einen Gesellschafter[41] steht § 707 BGB nicht entgegen, weil in diesem Fall ein Gesellschafter ohnehin mehr als geplant für die Gesellschaft aufwenden und damit seinen Beitrag erhöhen muss[42].

Genau betrachtet ist es demnach nicht der Abfindungsanspruch, also der gegen die Gesellschaft gerichtete Zahlungsanspruch des Gesellschafters, der einem Zahlungsverlangen der Bank entgegen gehalten werden kann, sondern die Möglichkeit, die Zahlung der noch geschuldeten Einlage (zumindest zu einem Teil) zu verweigern. Daher ist die Aussage, der Gesellschafter könne der Bank den gegen die Gesellschaft gerichteten Auszahlungsanspruch bzw. den Anspruch auf das Auseinandersetzungsguthaben entgegen halten, nicht präzise[43].

---

[38] Vgl. S. 41 des Urt. .
[39] Vgl. S. 42 des Urt. .
[40] Vgl. *Grunewald*, S. 110 und *Ulmer*, in MüKo, § 738, Rdnr. 11 f. .
[41] Vgl. Abschnitt III, C. II. 3. b) .
[42] *Grunewald*, S. 111.
[43] So aber *Edelmann*, DB 2001, 2434, 2437; *Faust*, in EwiR 2001, 975 f., Anm. zu OLG Frankfurt, Urt. v. 28.02.2001, AZ: 9 U 117/00.

Ein tatsächlich durch die Gesellschaft in der Abschichtungsbilanz festgestellter positiver Kapitalanteil beruht darauf, dass die Bank der Gesellschaft die entsprechenden Mittel zur Verfügung gestellt hat. Diesen Anspruch hat der Gesellschafter bis zur Höhe der Zeichnungssumme an die Bank abzutreten, weil ohne Zahlung durch die Bank dieser Anspruch nicht bestünde. Dies führt aber nicht dazu, dass die Bank über §128 HGB analog bzw. §§ 171 Abs. 1, 161 Abs. 2, 128 HGB den gegen die Gesellschaft zustehenden Zahlungsanspruch bei Vorliegen der in §§160 Abs. 1 HGB, 736 Abs. 2 BGB aufgestellten Voraussetzungen doch gegenüber dem ausgeschiedenen Gesellschafter geltend machen könnte. Denn der gegen die Fondsgesellschaft gerichtete Auszahlungsanspruch stellt eine Sozialverbindlichkeit dar, für die die einzelnen Gesellschafter nicht haften[44].

Ausgangspunkt für die Berechnung des Kapitalanteils müssen bei der hypothetischen Betrachtung richtigerweise die tatsächlich durch den Verbraucher geleisteten Zahlungen sein. Dabei ist der Gesamtbetrag der an die Bank gezahlten Raten anzusetzen, wobei jedoch der in den Raten enthaltene **Zinsanteil nicht als Leistung auf die Einlage** angerechnet werden dürfte. Denn auch bei einer mit der Gesellschaft getroffenen Ratenzahlungs- bzw. Stundungsvereinbarung hätte der Gesellschafter Zinsen zu zahlen. Ansonsten wäre der Gesellschafter gegenüber den anderen Gesellschaftern, deren Einzahlung der Einlage in voller Höhe der Gesellschaft die Aufnahme der geschäftlichen Aktivitäten schließlich ermöglichte, ohne sachlichen Grund bevorzugt[45].

---

[44] *Grunewald*, S. 110.

[45] Nach den dargestellten Grundsätzen vollzieht sich auch die Rückabwicklung nach einem auf § 1 HausTWG gestützten Widerruf des Darlehensvertrages, der mit dem Beitritt zu der Fondsgesellschaft eine wirtschaftliche Einheit i. S. d. § 9 VerbrKrG bildet. Wenn der Widerruf der Beteiligung selbst zur Anwendung der Grundsätze über die fehlerhafte Gesellschaft führt (vgl. BGH, NJW 2001, 2718, 2720), muss dies auch für die Beendigung der Gesellschafterstellung nach einem Widerruf des verbundenen Darlehensvertrages gelten. So zutreffend auch *Edelmann*, in DB 2001, 2434, 2437: „Wenn man schon das der Norm des § 9 Abs. 3 VerbrKrG entnommene Rechtsinstitut des verbundenen Geschäfts im Bereich des HausTWG analog anwendet, dann müssten auch die mit der Anwendung dieses Instituts verbundenen Rechtsfolgen im Rahmen beider Gesetze gleich sein...". Der abweichenden Auffassung des OLG Stuttgart, ZIP 2001, 322 ff., und von *Thorn*, der sich ohnehin lediglich (negativ) zur Frage des Rechts der Bank auf Rückforderung des Darlehens äußert (vgl. S. 92 f.), kann daher nicht gefolgt werden. Nicht weit genug geht *Habersack*, der in seiner Kommentierung in ZIP 2001, 327 ff. nur die Verpflichtung des Zeichners zur Abtretung des Fondsanteils an die Bank fordert, ansonsten aber dem Darlehensnehmer das Recht zugesteht, weitere Zahlungen gegenüber der Bank zu verweigern und die gezahlten Raten zurück zu fordern. Dabei verkennt er, dass die Bejahung der An-

Zur Veranschaulichung soll folgendes Beispiel dienen: Hat der Darlehensnehmer, der einen Anteil von 30.000 Euro gezeichnet hat, an die Bank auf das Darlehenskapital einen Betrag von 10.000 Euro gezahlt, hat der Darlehensnehmer bei bis zum Zeitpunkt des Ausscheidens des Zeichners erwirtschafteten anteiligen Verlusten i. H. v. 20.000 Euro an die Bank einen Betrag von 10.000 Euro zu zahlen. Damit gleicht er den hypothetischen Kapitalanteil i. H. v. –10.000 Euro aus. Zusätzlich hat er der Bank den tatsächlich errechneten Kapitalanteil i. H. v. 10.000 Euro an die Bank abzutreten. Dieser ergibt sich daraus, dass die Bank die Zeichnungssumme i. H. v. 30.000 Euro an die Fondsgesellschaft überwiesen hatte. Hätte umgekehrt die Gesellschaft keine Verluste erwirtschaftet, und hätte der Darlehensnehmer an die Bank ausschließlich Zinsen gezahlt, beliefe sich der hypothetische Kapitalanteil des Darlehensnehmers mindestens auf Null. Der Darlehensnehmer hätte in diesem Fall keine Zahlungen an die Bank zu leisten. Dafür müsste er der Bank bis zur Höhe des gezeichneten Kapitals seinen Kapitalanteil abtreten.

Danach kommt der Frage, ob eine durch den Gesellschafter ausgesprochene Kündigung verfristet ist, praktische Bedeutung für das Verhältnis dieses Gesellschafters zu der seinen Anteil finanzierenden Bank zu. Zu berücksichtigen ist vor allem § 124 Abs. 1 BGB, wonach die Frist zur Anfechtung nach einer arglistigen Täuschung sich auf ein Jahr, gerechnet ab dem Zeitpunkt, zu dem der Anfechtungsberechtigte von den entsprechenden Umständen Kenntnis erlangt. Im Falle einer lediglich fahrlässigen Verletzung von Aufklärungspflichten hätte man diese Frist erst Recht zu beachten[46]. Vor dem Hintergrund, dass zwischen den Gesellschaftern ein besonderes Vertrauensverhältnis besteht, ist der Auffassung zu folgen, nach der ein Recht zur fristlosen Kündigung der Gesellschafterstellung verwirkt ist, wenn der betreffende Gesellschafter erst zu einem Zeitpunkt die Kündigung ausspricht, zu dem er seit mehr als einem Jahr von den die Kündigung nach seiner Auffassung rechtfertigenden Umständen Kenntnis hat. Davon abgesehen ist der Entscheidung des OLG Karlsru-

---

wendung der Grundsätze der fehlerhaften Gesellschaft zur Folge hat, dass man sich bei der Frage der Rückabwicklung nicht an den Wertungen des § 9 Abs. 2 VerbrKrG zu orientieren hat, weil ansonsten doch die Bank und nicht der Verbraucher das wirtschaftliche Risiko der Beteiligung zu tragen hätte, was aber mit der Entscheidung zur Anwendung der Grundsätze der fehlerhaften Gesellschaft nicht zu vereinbaren wäre. Zudem übersieht er, dass nach Beendigung der fehlerhaft erworbenen Gesellschafterstellung der Zeichner keinen Fondsanteil mehr hat, den er übertragen könnte.

[46] So auch *Westermann*, WuB I G 5. – 17.00 in seiner Anmerkung zu den Urteilen des BGH, WM 2000, 1685 und 1687.

he[47] bereits deswegen nicht zuzustimmen, weil die Kenntnisse der Bank den Geschäftsführern der Gesellschaft nicht zuzurechnen sind. Zudem muss es dem Gesellschafter klar sein, dass er Gestaltungsrechte hinsichtlich seiner Stellung als Gesellschafter gegenüber der Gesellschaft geltend zu machen hat. Die Urteile des BGH vom 27.06.2000[48] enthalten insofern keine für einen Zeichner neuen Erkenntnisse. Zu Unrecht lehnt das OLG also eine Verwirkung mit der Begründung ab, die Zeichner hätten nach Kenntniserlangung von dem betrügerischen Verhalten des Geschäftsführers der Fondsgesellschaft nach ihrer damaligen Rechtskenntnis alles zur Schadensbegrenzung Notwendige getan, indem sie gegenüber der Bank die Anfechtung des Darlehensvertrages erklärt und dieser ihren Gesellschaftsanteil zur Verfügung gestellt hätten.

In der Vorinstanz[49] wird angedeutet, dass nicht die Bank, sondern die Gesellschaft als „Leistungserbringerin" gegenüber dem Verbraucher sich auf die Verwirkung berufen könnte[50]. Zum einen wird dabei nicht gesehen, dass bereits die von Amts wegen zu berücksichtigende Möglichkeit der Gesellschaft, sich hinsichtlich der ausgesprochenen Kündigung auf Verwirkung zu berufen, ausreicht, um einen Einwendungsdurchgriff nach § 9 Abs. 3 VerbrKrG zu verneinen. Weiter muss sich das Gericht angesichts seiner Annahme die Frage gefallen lassen, wieso dann eine Erklärung des Verbrauchers gegenüber der Bank ausreichen soll, um den Einwand der Verwirkung auszuschließen.

[47] ZIP 2001, 1914, 1915, Revision BGH XI ZR 211/01.
[48] WM 2000, 1685 und 1687.
[49] LG Konstanz, Urt. v. 23.08.2000, AZ: 5 O 61/00 E, n. v. .
[50] Vgl. S. 14 des Urt. .

D. Zusammenfassung

I. Auf den Beitritt zu einer Fondsgesellschaft finden die Grundsätze über die fehlerhafte Gesellschaft auch dann Anwendung, wenn ein Gesellschafter durch eine arglistige Täuschung zu dem Beitritt zu der Gesellschaft veranlasst wurde.

II. Der durch eine arglistige Täuschung zu dem Beitritt veranlasste Gesellschafter hat die Möglichkeit, den Gesellschaftsvertrag außerordentlich zu kündigen oder die Beitrittsvereinbarung nach § 123 Abs. 1 BGB anzufechten.

III. Macht der Gesellschafter von diesem Recht Gebrauch, bleibt er grundsätzlich zur Leistung der vertraglich vereinbarten Einlage verpflichtet. Auf Grund der zu erstellenden Abschichtungsbilanz können sich aber Einwendungen des Gesellschafter ergeben, die er einem Verlangen der übrigen Gesellschafter nach Zahlung der gesamten vereinbarten Einlage entgegen halten kann.

IV. Diese Einwendungen kann der ausscheidende Gesellschafter gegen Abtretung eines sich aus der Abschichtungsbilanz evtl. ergebenden, gegen die Fondsgesellschaft gerichteten Auszahlungsanspruchs auch der finanzierenden Bank entgegen halten.

Literaturverzeichnis

Ahr, Eberhard	Welches Verhalten von Strukturvertriebsmitarbeitern oder anderer Finanz- u. Immobilien-vermittlern muss sich eine Bank, die Immobilien oder Immobilienbeteiligungen im Wege des sog. Distanzgeschäftes finanziert, zurechnen lassen?, VuR 2000, S. 263 ff.
Altenhoff, Rudolf/ Busch, Hans/ Chemnitz, Jürgen	Rechtsberatungsgesetz (Kommentar), 10. Aufl., Münster 1993
Arendts, Martin	Bankenhaftung – Kann Privatautonomie durch Aufklärungs- und Beratungspflichten erreicht werden?, in: Jahrbuch junger Zivilrechtswissenschaftler 1995 (Privatautonomie und Ungleichgewichtslagen)
Assmann, Heinz- Dieter/ Schütze, Rolf	Handbuch des Kapitalanlagerechts, 2. Aufl., München 1997 (zit.: Verfasser, in: Assmann/Schütze)
Assmann, Heinz-Dieter	Anmerkung zu BGH (WM 1992, 1269), in WuB I G 4. – 8.92
Balzer, Peter	Anmerkung zu OLG Stuttgart (WM 2000, 2146), in WuB I G 5. – 18.00
Brandner, Hans Erich	Verhalten der Kreditinstitute bei der Vergabe von Verbraucherkrediten, ZHR 153, S. 147 ff.
Breidenbach, Stephan	Die Voraussetzungen von Informationspflichten beim Vertragsschluss, München 1989
Bruchner, Helmut	Anmerkung zu BGH IX ZR 279/99, ZfIR 2001, S. 128 f.

Bruchner, Helmut	Anmerkung zu BGH (WM 2000, 1245), in WuB I G 5. – 14.00
Bruchner, Helmut/ Wagner-Wieduwilt, Klaus Ott, Claus	Kommentar zum Verbraucherkreditgesetz, 2. Aufl., München 1994
Bülow, Peter	Kommentar zu VerbrKrG, 4. Aufl., Heidelberg 2000
Canaris, Claus - Wilhelm	Bankvertragsrecht, 3. Aufl. Berlin 1988
Canaris, Claus-Wilhelm	Die Vertrauenshaftung im deutschen Privatrecht, München, 1971
Dauner-Lieb, Barbara	Verbraucherschutz bei verbundenen Geschäften, WM 1991, Beilage 6, S. 4 ff.
Derleder, Peter	Der Kapitalanlegerschutz durch verbraucher-kreditrechtliche Formanforderungen an die Vollmachten für Kapitalsammelgesellschaften, VuR 2000, S. 155 ff.
Derleder, Peter	Wirksamkeitsanforderungen an die vertragliche Mitverpflichtung von Ehegatten und anderen Familienangehörigen für Ratenkredite nach dem Verbraucherkreditgesetz, NJW 1993, S. 2401 ff.
Edelmann, Hervé	Die Haftung der Banken bei der Finanzierung von Fondbeteiligungen im Bereich des HWiG, in DB 2001, S. 2434 ff.
Edelmann, Hervé	Anmerkung zu LG Frankfurt (DB 2000, S. 316 ff.) in DB 2000 S. 319 ff.
Edelmann, Hervé/ Hertel, Christian	Grenzen des Verbraucherschutzes und die Haftung der Banken bei Immobilienfinanzierung, DStR 2000, S. 331 ff.

Erman	Kommentar zum BGB, 10. Aufl., Münster/Köln 2000 (zit.: Bearbeiter, in: Erman)
Faßbender, Christian A.	Innerbetriebliches Wissen und bankrechtliche Aufklärungspflichten, Frankfurt 1998
Faust, Florian	Anmerkung zu OLG Frankfurt (Urt. v. 28.02.2001, AZ: 9 U 117/00), in EwiR 2001, 975 f.
Früh, Andreas	Die Bonitätsprüfung nach § 18 Kreditwesengesetz, WM 1995, S. 1701 ff.
Früh, Andreas	Die Aufklärungspflichten von Kreditinstituten bei der Kreditvergabe, WM 1998, S. 2176 ff.
Fuchs, Angelika	Zum Einwendungs- und Rückforderungsdurchgriff bei verbundenen Geschäften, AcP 199, S. 305 ff.
Fuellmich, Reiner/ Rieger, Stefan	Treuhandmodelle als Quelle für Massenschäden in Milliardenhöhe, ZIP 1999, S. 427 ff.
Fuellmich, Reiner/ Rieger, Stefan	Die Haftung der Banken für massenhaft fehlerhafte Treuhandmodellfinanzierungen, ZIP 1999, S. 465 ff.
Gallandi, Volker	Die Aufklärungspflicht bei Innenprovisionen, WM 2000, S. 279 ff.
Ganter, Gerhard	Unwirksamkeit der Vollmacht eines Geschäftsbesorgers wegen Verstoßes gegen das Rechtsberatungsgesetz?, WM 2001, S. 195 f.
Grunewald, Barbara	Gesellschaftsrecht, 3. Aufl., Tübingen 1999

Habersack, Mathias	Drittfinanzierter Immobilien- und Beteiligungserwerb unter Geltung des § 9 VerbrKrG, ZHR 156, S. 45 ff.
Habersack, Mathias	Verbundene Geschäfte bei der Finanzierung von Immobilienanlagen, in Bankrecht 2000, S. 235 ff.
Habersack, Mathias	Anmerkung zu OLG Stuttgart (ZIP 2001, 322), in ZIP 2001, 327 ff.
Hadding, Walther	Zur Abgrenzung von Unterrichtung, Aufklärung, Auskunft, Beratung und Empfehlung als Inhalt bankrechtlicher Pflichten, in: Festschrift für Herbert Schimansky , 1999, S. 67 ff. (zit.: Hadding, in FS Schimansky)
Hildebrandt, Heinz	Erklärungshaftung, Berlin und Leipzig, 1931
Hopt, Klaus	Der Kapitalanlegerschutz im Recht der Banken. Gesellschafts-, bank- und börsenrechtliche Anforderungen an das Beratungs- und Verwaltungsverhalten der Kreditinstitute, München 1975
Hopt, Klaus	Nichtvertragliche Haftung außerhalb von Schadens- und Bereicherungsausgleich, AcP 183, S. 608 ff.
Hopt, Klaus	Funktion, Dogmatik und Reichweite der Aufklärungs-, Warn- und Beratungspflichten der Kreditinstitute, in: Schriftenreihe der Bankrechtlichen Vereinigung, Band 3, Berlin 1993, S. 1 ff. (zit: Hopt, in BrV 3)
Hopt, Klaus	Haftung der Banken bei Finanzierung von Publikumsgesellschaften und Bauherrenmodellen, in: Festschrift für Stimpel, 1985, S. 265 ff. (zit.: Hopt, in FS Stimpel)

Horn, Norbert	Die Aufklärungs- und Beratungspflichten der Banken, ZBB 1997, S. 139 ff.
Horn, Norbert	Der Ausschluss von Aufklärung und Beratung im Anlegerschutzrecht, Festschrift für Herbert Schimansky, 1999, S. 653 ff. (zit.: Horn, in FS Schimansky)
Horn, Norbert	Die Aufklärungs- und Beratungspflichten der Banken, ZBB 1997, S. 139 ff.
Horn, Norbert/ Balzer, Peter	Zur Anwendbarkeit des Verbraucherkreditgesetzes auf Kreditvollmachten im Rahmen des Anlegerschutzrechts, WM 2000, S. 333 ff.
Immenga, Ulrich	Bankenhaftung bei der Finanzierung steuerbegünstigter Anlagen, ZHR 151, S. 148 ff.
Jakobs, Norbert/ Noth, Corinna	Die MISF- Methode – Eine neue Methode zur Beurteilung der Rendite geschlossener Fonds, DStR 1998, S. 182 ff.
Joswig, Dietrich	Fremdbestimmung, strukturelle Unterlegenheit und Ausgleich gestörter Vertragsparität – eine Terminologie für das Zivilrecht?, in Festschrift für Herbert Schimansky 1999, S. 335 ff. (zit.: Joswig, in FS Schimansky)
Köndgen, Johannes	Selbstbindung ohne Vertrag, Tübingen 1981
Kowalski, Andre	Zur Bereicherungshaftung in Gesellschaften bürgerlichen Rechts, NJW 1991, S. 3183 ff.
Lambsdorff, Hans Georg/ Stüsser, Jörg	Bankenhaftung bei gescheiterten Immobilien-treuhandmodellen – Verschuldenszurechnung externer Vertriebsmitarbeiter, VuR 2001, S. 3 ff.

Larenz, Karl	Geschäftsgrundlage und Darlehensvertrag, DB 1952, S. 116 ff.
Larenz, Karl/ Canaris, Claus-Wilhelm	Lehrbuch des Schuldrechts, Band II/2, Besonderer Teil, 13. Aufl., München 1994
Löhnig, Martin	Bedarf die Erteilung einer Vollmacht zum Abschluss eines Geschäfts nach dem VerbrkrG der Form des § 4 VerbrkrG?, VuR 1999, S. 147 ff.
Loipfinger, Stefan/ Nickl, Ludwig Richter, Uli	Geschlossene Immobilienfonds, 3. Aufl., Stuttgart 1997
Lutz, Günter	Außengesellschaft oder Innengesellschaft?, DB 1981, S.1953 f.
Martens, Christian	Anmerkung zu OLG München (WM 1999, 1416), in WuB I G 5. – 8.99
Maser, Axel	Bauherrenmodelle im Spiegel der neueren Gesetzgebung und Rechtsprechung, NJW 1980, S. 961 ff.
Masuch, Andreas	Vertretereinsatz beim Abschluss von Verbraucherkreditverträgen, ZIP 2001, S. 143 ff.
Medicus, Dieter	Haftung von Kreditinstituten für Vermittler von Krediten und Kapitalanlagen, Bankrecht 2000, S. 259 ff.
Messer, Herbert	Einleitende Bemerkungen zur Diskussion (2), in Schriftenreihe der bankrechtlichen Vereinigung, Band 3, Berlin 1993, S. 73 ff. (zit.: Messer, in BrV 3)
Mugdan, Benno	Die gesammelten Materialien zum Bürgerlichen Gesetzbuch, Band 1, Berlin, 1899

Münchener Kommentar	BGB 3. Aufl., München 1994 (Band 2), 1995 (Band 3), 1993 (Band 1), 1997 (Band 5) (zit.: Bearbeiter, in : MüKo)
Münscher, Michael	Anmerkung zu LG Ulm (WM 2000, 825), in WuB I G 5. – 10.00
Münstermann, Walter Hannes, Rudi	Kommentar zum Verbraucherkreditgesetz, Münster 1991
Münstermann, Walter	Anmerkung zu BGH (WM 1989, 665), in WuB I E 1. – 8.89
Oechsler, Jürgen	Schuldrecht BT: Vertragsrecht, München 2002
Opitz, Gerhard	Geschlossene Immobilienfonds, 2. Aufl., Freiburg 1998
Palandt, Otto	Bürgerliches Gesetzbuch, 61. Aufl., München 2002 (zit.: Bearbeiter, in: Palandt)
Peters, Bernd	Formbedürftigkeit der Vollmachten für die Aufnahme von Verbraucherkrediten, WM 2000, S. 554 ff.
Peters, Bernd	Kreditvollmacht und Verbraucherkreditgesetz, in Festschrift für Herbert Schimansky, 1999, S. 477 ff. (zit.: Peters, in FS Schimansky)
Peters, Bernd/ Gröpper, Matthias	Wirksamkeitserfordernisse für Kreditvollmachten von Verbrauchern, WM 2001, S 2199 ff.
Peters, Bernd/ Scharnewski, André	Anmerkung zu LG Potsdam (WM 1998, 1235), in WuB I E 2. – 4.98

Pietzcker, Soren	Die Rückabwicklung der verbundenen Geschäfte beim Einwendungsdurchgriff nach dem Verbraucherkreditgesetz, Dissertation, Hamburg 1994
Reischauer/Kleinhans	Kommentar zum Kreditwesengesetz, Loseblattsammlung Berlin, Ergänzungslieferung März/2001
Reithmann, Christoph/ Meichssner, Claus/ von Heymann, Ekkehardt	Kauf vom Bauträger, 7. Aufl., Köln 1995
Rennen, Günter/ Caliebe, Gabriele	Rechtsberatungsgesetz (Kommentar), 2. Aufl., München 1992
Reuter, Dieter/ Martinek, Michael	Ungerechtfertigte Bereicherung, Tübingen 1983
Rösler, Patrick	Formbedürftigkeit der Vollmacht, NJW 1999, S. 1150 ff.
Rösler, Patrick	Anmerkung zu LG Stuttgart (WM 1999, 1822), in WuB I G 5. – 9.99
Rösler, Patrick	Anmerkung zu Thüringer OLG (WM 1999, 2315), in WuB I G 5. – 2.00
Rümker, Dietrich	Aufklärungs- und Beratungspflichten der Kreditinstitute aus der Sicht der Praxis, in: Schriftenreihe der Bankrechtlichen Vereinigung, Band 3, Berlin 1993, S. 29 ff. (zit.: Rümker, in BrV 3)
Rümker, Dietrich	Haftung der Bank aus der Finanzierung von Bauherrenmodellen und geschlossenen Immobilienfondsmodellen, ZHR 151, S. 162 ff.

Sauer, Stefan	Form – und Inhaltsvoraussetzungen von Treuhandvollmachten zum Abschluss von Verbraucherkreditverträgen, BB 2000, S. 1793 ff.
Schimansky, Herbert	Einleitende Bemerkungen zur Diskussion (1), in: Schriftenreihe der bankrechtlichen Vereinigung, Band 3, Berlin 1993, S. 67 ff. (zit: Schimansky, in BrV 3)
Schimansky, Herbert	Bankvertragsrecht und Privatautonomie, WM 1995, S. 461 ff.
Schimansky, Herbert/ Bunte, Hermann-Josef/ Lwowski, Hans-Jürgen	Bankrechts-Handbuch, 2. Aufl., Stuttgart, 2001 (zit.: Verfasser, in Bankrechtshandbuch
Schmidt, Karsten	Die BGB-Außengesellschaft: Rechts- und parteifähig, NJW 2001, S. 993 ff.
Schubert	AcP 168, S. 470 ff.
Schwintowski, Hans-Peter/Schäfer, Frank A.	Bankrecht, 1. Aufl., Köln 1997
Seibert, Ulrich	Handbuch zum Verbraucherkreditgesetz, Bundesanzeiger 1990
Soergel	Bürgerliches Gesetzbuch, Allgemeiner Teil 2, 13. Auflage, Stuttgart 1999 (zit.: Bearbeiter, in Soergel)
Spickhoff, Andreas/ Petershagen, Jörg	Bankenhaftung bei fehlgeschlagenen Immobilienerwerber-Treuhandmodellen, BB 1999, S. 165 ff.
Staudinger	Bürgerliches Gesetzbuch, Buch 1, Allg. Teil 13. Aufl. Berlin 1995; Buch 2, §§ 826-829 und Produkthaftungsgesetz, 13. Aufl. Berlin 1998

Stoll, Hans	Tatbestände und Funktionen der Haftung für Culpa in Contrahendo, in Festschrift für Ernst von Caemmerer, 1978, S. 435 ff. (zit.: Stoll, in FS von Caemmerer)
Streit, Georg	Erfüllungsgehilfenhaftung der Kreditinstitute für Vermittler von Immobilienanlagen?, ZIP 1999, S. 477 ff.
Stüsser, Jörg	Bankenhaftung bei gescheiterten Immobilien-Treuhandmodellen, NJW 1999, 1586 ff.
Teichmann, Arndt	Die Gesetzesumgehung, Reihe: Göttinger Rechtswissenschaftliche Studien, Band 46 Göttingen 1962
Thorn, Michael	Haftungsrisiken der Bank bei der Finanzierung von Immobilienkapitalanlagen am Beispiel des Erwerbermodells, Dissertation, Universität München 2000
Tilp, Andreas	Anmerkung zu BGH (NJW 2001, 962), in EWiR 2001, 255
Ulmer, Peter	Gesellschafterhaftung in der Gesellschaft bürgerlichen Rechts: Durchbruch der Akzessorietätstheorie?, ZIP 1999, S. 554 ff.
Ulmer, Peter/ Habersack, Mathias	Kommentar zum Verbraucherkreditgesetz, 1. Aufl., München 1992
Ulmer, Peter/ Timman, Henrik	Zur Anwendbarkeit des Verbraucherkreditgesetzes auf die Mitverpflichtung Dritter, in Festschrift für Rowedder S. 503 ff. (zit.: Ulmer/Timman, in FS Rowedder)
Van Look, Frank	Anmerkung zu LG Hamburg (ZIP 1994, 1439), in WuB I G 1. – 3.95 .

Volmer, Michael	Zur Formbedürftigkeit der Kreditvollmacht, Mitteilungen des bayrischen Notarvereins, der Notarkasse und der Landesnotarkammer Bayern 1999, S. 346 ff. (zit: MittBayNot)
Von Heymann, Ekkehardt	Bankenhaftung bei Immobilienanlagen, 14. Aufl., Frankfurt, 2000
Von Heymann, Ekkehardt	Anmerkung zu BGH (WM 1985, 993), in WuB I E 1. – 24.85
Von Rottenburg, Franz	Repräsentationsprinzip gegen Verbraucherschutz, WM 2001, 2194 ff.
Von Westphalen, Friedrich/ Emmerich, Volker/ Von Rottenburg, Franz	Kommentar zum Verbraucherkreditgesetz, 2. Auflage, Köln 1996
Wagner, Klaus-R.	Aktuelle zivilrechtliche Entwicklungen bei steuerorientierten Kapitalanlagen 1997, WM 1998, S. 694 ff.
Werner, Horst/ Machunsky, Jürgen	Immobilienfonds und Erwerbermodelle, 2. Auflage, Neuwied, Kriftel, Berlin, 1993
Westermann, Harm Peter	Verhaltenspflichten der Kreditinstitute bei der Vergabe von Verbraucherdarlehen, ZHR 153, S. 123 ff.
Westermann, Harm Peter	Anmerkung zu BGH (WM 2000, 1685 und 1687), in WuB I G 5. – 17.00
Wolf, Manfred	Rechtsgeschäftliche Entscheidungsfreiheit und vertraglicher Interessenausgleich, Tübingen 1970

Kolibri 360 GmbH
Ferdinand-Jühlke-Straße 7
99095 Erfurt, Deutschland
produktsicherheit@kolibri360.de

Druck:
CPI Druckdienstleistungen GmbH
im Auftrag der
Kolibri 360 GmbH
Ferdinand-Jühlke-Str. 7
99095 Erfurt